法隆寺を科学する Part2

# 斑鳩ロマン

法隆寺の歴史を探る科学的手法11

大野正樹

白馬社

# 目次

# 一、雲形肘木の比較

法隆寺の堂塔は世界一古い木造建築物群であり、世界遺産に登録されている。

では法隆寺西院伽藍の金堂、五重塔、中門、廻廊等は何時建てられたものなのか。一番肝心なことが不明なのである。

若草の伽藍は６０７年に造られた（本尊薬師如来像の光背銘による）が、天智九年（６７０）に落雷して全焼してしまった（日本書紀）。現在の西院伽藍は、１００年後の和銅年間（７０８〜７１５）に昔の姿を真似て新築したとされる。これは再建論であるが、これには様式の違いを根拠とする反論もある。金堂は若草伽藍から離れていたので焼けなかったとする二寺併存説である。

焼けなかった金堂は、五重塔、中門、廻廊よりも古い。五重塔ほかは和銅年間に新築された。飛鳥時代に建てられた金堂は、雲形肘木に彫刻などが彫られた古式であり、五重塔には装飾がなくて、年代が下るものだと主張されている。どちらが正しいか、科学的に考えてみよう。

「深い軒を支える雲形肘木。これは飛鳥時代様式の特徴であり、西院伽藍の金堂にも五重塔にも使われている。二つを較べると、金堂の雲形肘木には丁寧な縁繰りやハート型の彫りがあり、舌《ぜつ》という飾りもある。しかし五重塔はのっぺりして溝彫りも舌もない。この違いは、五重塔が飛鳥時代よりも可成り遅い時期に建築されたことの証拠である」と二寺併存説の論者は主張されている。

法隆寺の古い建物の調査をしてきた私の見解は違う。

五重塔を下から見上げていてもわからないが、修理工事報告書には、竣工時に軒回りを映した写真があり、これをよく見ると、雲形肘木の写真の幾つかに、縁繰りの彫りや、舌の線が残っているように思えるのである。そこで工事報告書の写真をルーペでよく見ると、五重塔にも削り残された彫刻があるのである。つまり、本来は金堂と同じ彫刻があったが、火災で表面が燃えて黒く焦げたため、黒焦げ表面を削って除いたのである。雲形肘木は金堂も塔も同様に製作されたが、五重塔に落雷して火災が発生し、軒回りから屋根へと燃え上がって肘木も燃えて焦げたので再建時に表面の黒焦げ部分を削り落としたのである。私は写真を付してこのように主張してきた。

もう一つここに別の証拠を提示しよう。

この雲形肘木実測図（東大にて作成された資料）をトレーシングペーパーに写して、金堂と五重塔二つを比較した（第一図）。上段が金堂、中段が五重塔である。

## この突起は何か

第一図の五重塔肘木の下辺、??で示した部分に妙な突起がある。これについて考えるうちに閃いたことがある。そこで二つの雲肘木の上辺を合わせて重ねてみたのが下段の図である。

金堂肘木の姿を火災で黒く焼けたであろう部分を薄墨色に塗り、その上に五重塔肘木を重ね貼りした。すると肘木の上辺を重ねると、中央の丸味を持つ三角形の彫り込みは全くぴったり同形であることがわかる。縁《ふち》まわりが10ミリほど黒いのは、下面が削られて舌《ぜつ》もなく４１８→４０８と低くされたためである。そして斗が付く部分だけが削り残されたために妙な突起として残ったのである。

また雲肘木の側面は焦げた厚さだけきれいに削り取ってあるが、上向き矢印☝で示した木口部分はみな同寸で取り除いてある。これは炎が入り込んで大きく傷んだ部分が削り取られたと見ることができる（木材は火災に遭ったとき、板目の表面方向よりも木口の直角方向の導管に空気が通りやすく、そのため表面より木口が燃えやすい。木口部分は炎が入り込んで傷みが大きいが、そこを大きく取り除いてある）。横線表示の如く肘木は44ミリ短くされているが、これについては別の機会に譲る。

この雲形肘木を造るには太い直径の長い良質檜が56本必要で、隅の雲形肘木は特に長い材が必要となる。これらには大きな費用と年月が必要である。突然の落雷と財政逼迫という経済事情を考慮すれば、肘木表面を削って再使用することを選んだのであろうと推察される。

すなわち、金堂と五重塔の雲形肘木は、同一の型板を用いて同じ飛鳥時代に製作されたものであり、年代差１００年は認められない。ゆえに私は再建説にも二寺併存説にも異議を唱えるものである。

これについて結論を出すために次のような科学的手法を採用することを提案したい。

それは塔内にて雲形肘木の木目を撮影・記録し、塔の心柱の年輪（心柱は５９４年に伐採されたものである）と較べて二つの年輪の年代を調べるという方法である。

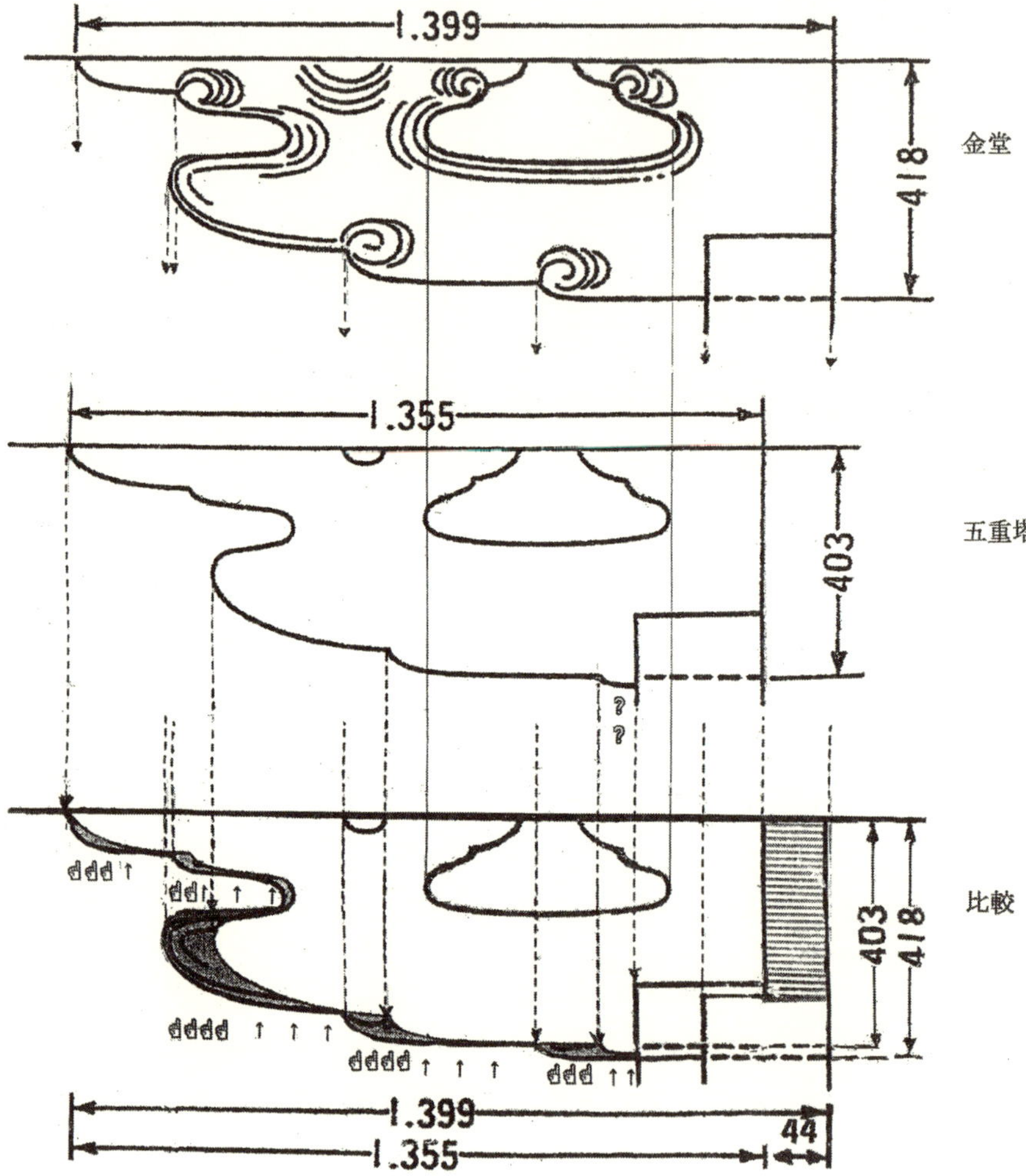


第一図　雲形肘木の比較（金堂・五重塔）

雲形肘木は数が多く、二層以上に44本あるから、カメラで肘木木口を撮影して比較するのは難しくない。更には、五重塔と金堂の雲形肘木と比較することも可能であろう。金堂内にて肘木木口の年輪を撮影して比較するのである。

その結果、金堂と五重塔が、同じ山で育った兄弟樹であるとわかるならば、それはめでたく嬉しいことではなかろうか。

## 2、柱に残る七種の壁貫穴

建物の歴史を探るために私が開発した科学的手法を説明しよう。

第二図は法隆寺東室の柱にある壁の痕跡を調査してまとめたものである。東室は法隆学問寺の僧坊で多くの学僧が起居していたところである。

建物は基礎が弱いとやがて礎石が沈下して軸組が歪んでくる。地震・台風で壁が割れると見苦しい。建具枠の水平垂直が狂えば開閉しづらい。隙間から雨と風が吹き込み、蚊や虫も入る。したがってそうした問題への対処は僧坊と仏を祀るお堂とは古建築修理改造を探る別の見方が必要なのである。そうした理由から私は僧房はもっと緻密に調べねば変遷を把握できないと考えたのである。

これはノーベル賞の医学生理学の学者が、組織の状態や動きを顕微鏡で細かく調べ、テストを繰り返して思考し、新事実を見出されたと同じ基本手法であろう。

まず、壁の仕口痕跡を詳しく徹底的に調査する方針を立て、柱に刻まれて残っている壁下地穴を形、大きさ、間隔、使用工具の違いをひとつ一つ測って調べた。建築材も工具も百年、百五十年を経ると進歩して同じではなく穴は正方形か矩形か円形か、どちらが古い穴か較べて区別できる。これは素人には無理なのでべテラン堂宮大工に頼るしかない。その作業を西岡常一棟梁と西岡楢二郎副棟梁に依頼し、5センチ角の竿を柱の痕跡にあてがってじかに竿棒の四面に写し取り、そのすべての痕跡を柱ごとに色分けして記録した。間竿に写して描いたこの壁貫の穴を三人が揃って確認し、次の柱へと進んだ。こうして七種の壁下地穴を新しいもの→古いものへと順番に並べることが出来て、部分的修理か間取り変更かを把握した。

幸いだったのは、間仕切りを変えるため途中で入れた貫材に、永和三年の墨書を見つけたことである。永和三年（1377）は南北朝であり、室町時代の建物だとする文化財指定より遡る。しかもこれは七種の壁穴のうち三番の新しい壁穴であり、更に古い壁穴が四種ある。これらは何時のものなのだろうか。

東室の柱は上方1／3がいわゆるエンタシス状に細まっており、この細まりは薬師寺東塔の柱と同じなので白鳳時代に建てたとしてよい。次第に僧坊の間取りの歴史変遷を掴む山場に至った。建物全体の間取りを復元し得て、中央の馬道と呼ぶ通路の北と南に、桁行二間の僧房が各四房（大きさは桁行51・6m、巾10・9m）であり、これは資財帳（天平十九年＝746）に記された四棟の僧房の第一の建物に違いない。すなわち、東室は奈良前期の、和銅年間に古材を寄せ集めて建てた僧坊であるとわかったのである。そして文献にある保安二年と寛元四年に修理を経て、永和三年墨書の修理があった。東室の歴史考察は柱の壁貫穴の変遷をとらえて考証する過程でまとまった。

この科学的に一貫した調査手法は誰にも理解されやすい。国の文化財専門審議会ですんなり承認戴くことが出来たのであった。

こうして「重要文化財・東室」は、「室町時代に古材を集めて建てられた僧坊」から一挙に660年遡り

「奈良時代前期に古材を使って建てた僧坊」であると認定されて、国宝に昇格した。

東室の修理が終わった後、東に並ぶ妻室《つまむろ》が解体修理された。この妻室は室町時代に東室僧坊に付設した小子房ゆえ室町以降のものとされていたが、解体してみると、柱には保安二年とそれ以降の壁貫の穴（第二図）がある。そのため、いとも簡単に平安時代に建ち、寛元、永和に修理された小子房であると確認出来た。

この柱痕跡図は、法隆寺の建物が何時建てられ何時修理されたか、その歴史を知るに役立つ。

法隆寺の東室と妻室の解体修理を終えたあと、私は大手ゼネコンに移り、寺院、神社、文化財部門を担当し、並行してビル、工場、火力発電所、病院、国際会館、高級住宅等を新築した。本社の建築技術室にては、基礎工事、鉄骨・鉄筋コンクリート造、そして木造建物の耐火と耐震について勉強した。阪神淡路大震災による被害建物を復旧するなかで、本堂を安くて確実に耐震とする工法「四天王」「本瓦葺屋根軽量化工法・特許」を開発して実施した。首里城の新築復元では台湾檜の木拾いもした（台檜の輸出は以後全面禁止で入手出来ない）。数量不足と寸法違いゼロを自らに課して、緊張の連続の日々であった。

さて、いよいよここからが斑鳩ロマンの本論である。

私が国宝法隆寺東室の七種類の柱痕跡を調査してから30年が経過したが、その後は何ら進展はなく不明のままであった。一番古い高麗尺二尺の間渡し穴がある柱は、何処の寺からきたのかを記す新たな文献もなく手つかずに放置。けれどもこれは新建築の科学技術と知見によって解決できそうだ。しかもこれまで本当の価値に気付かなかったのだ。

法隆寺堂塔を建築するのに使った尺度は、高麗尺か唐尺か。これは何人もの学者が論文を発表されている。

浅野清工学博士は、金堂解体修理時に桁と梁の長さを綿密に調べて、金堂・五重塔・中門の柱間寸法は高麗尺であるとされている。

これまで高麗尺の寸法調査は、桁と梁の長さを計って復元したが、継手や仕口部分には仕事ムラが多く調査結果を別人によって再確認しにくいのであった。だがこの1400余年前に柱に彫られた壁間渡し貫穴のピッチは、三十本の古柱を実測して得た高麗尺の寸法であり、誰も疑義をはさむ余地がない、これが高麗尺ですと実物証拠がある。

東室の前身建物は、壁の間渡し穴は70・68センチ間隔で、これは高麗尺の2尺であり、高麗尺1尺＝35・34センチである。

度量衡《どりょうこう》＝長さと容積と目方。これは文化文明の始まりである。特に寸法は文明と直結したもの。尺度は人間社会に必要不可欠である。法隆寺堂塔の歴史は、柱に刻まれている壁間渡し貫の穴を科学的な新手法で調査して判定できる。高句麗が唐に滅ぼされてなくなり、我が国も白村江の戦で敗北してそれ以後、高麗尺が唐尺に変わったとみる。飛鳥期の建築は法隆寺のほかにはどこにもない。僧坊東室の古柱から探り出した高麗尺の実寸。これは飛鳥時代の文化文明を知るために重要であり、日本国の文化・文明を論じるのに欠くことが出ない技術資料であることを思い、説明が煩雑になるを承知しつつも、ここに高麗尺論を取り上げた。

法隆寺ではこの柱を、僧坊二間一房復元間取りの第二房に祀られている。1400年の歴史を目視できる証拠である。

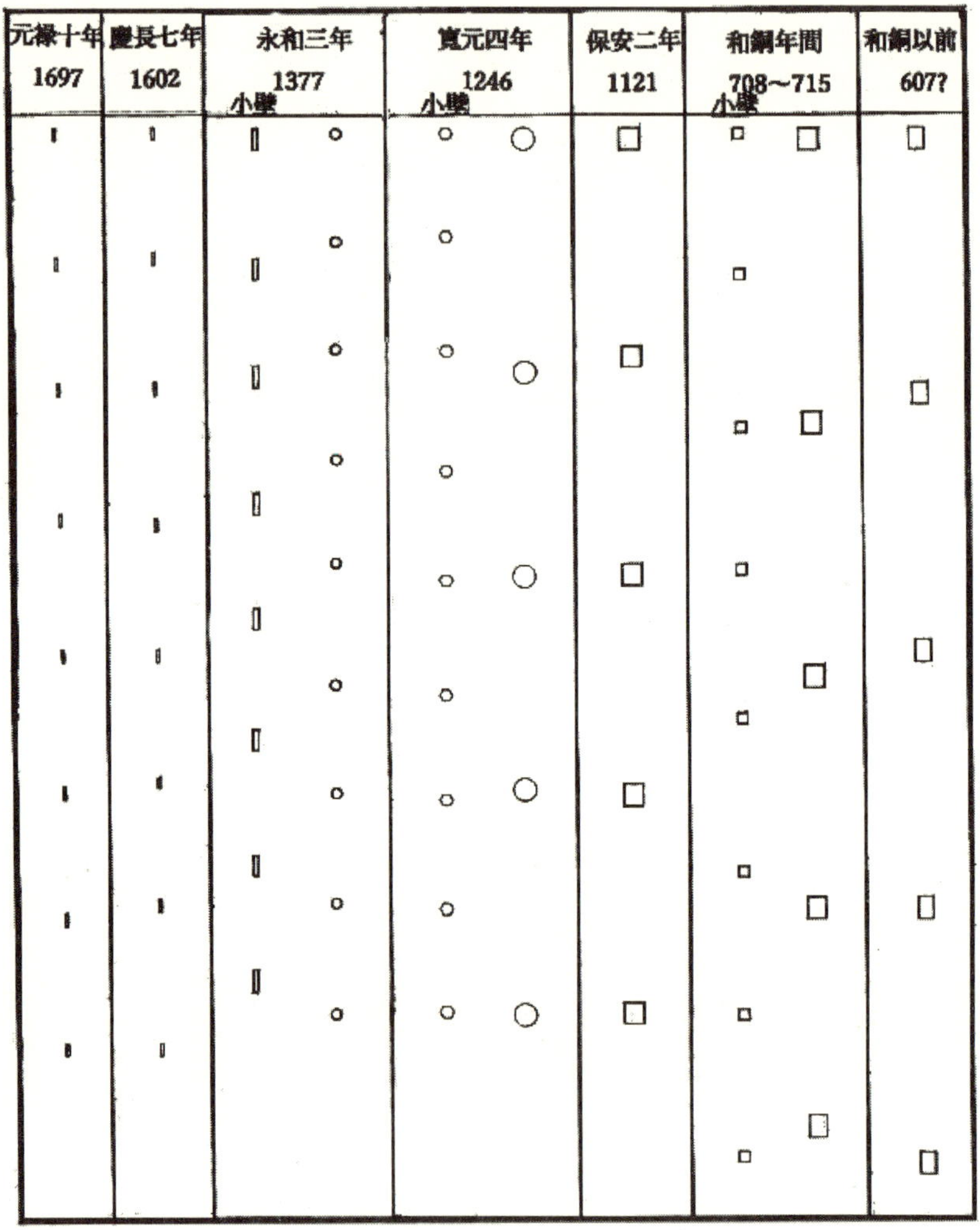


第二図　法隆寺東室の柱に残る壁間渡し貫穴　七種

# 3、若草伽藍の広さ

聖徳太子（厩戸皇子）が建てられた斑鳩寺は、どのような伽藍であったのか。若草伽藍を復元してみる。これに関する文献資料はなく、問題解決を科学的考察に委ねる。

法隆寺文化財保存事務所作成になる法隆寺境内地図が私の手元にある。東大生産技術研究所の指導を得て昭和33年に航空写真に拠って製作された、縮尺１／１０００境内図である。正確な建物配置が解るため、境内地図としてよく使われている。ここに平地１m、山地２mの等高線が入っており、これは法隆寺の歴史を知るうえで貴重な基礎データであるが、それに気付いている人は少ないようだ。図三はこれを元に私が作成した法隆寺境内地図である。この地図を見ながら論を進めていく。

境内地図には20度傾いた東土塀が１６０mある。東土塀の東は法隆寺東里と呼ばれ、西土塀の西は法隆寺西里と呼ばれている。

境内地図で測ると、この東土塀と西土塀との間は、高麗尺できっちり１００丈＝１０００尺＝３５４・５m離れている。東里には東土塀と直角に伸びる道路がＣ・Ｄ・Ｅの３本ある。東大門を出て夢殿へ向かう広い道がＥである。添付した高麗尺目盛りではＣとＤ　の間隔は10丈。ＤとＥの間隔は高麗尺30丈である。

もとの東土塀は何処まで伸びていたか。夢殿への広い道Eがあって、東大門より南方は民家が建並んで、現存する土塀はほぼ真南に向いて築かれている。

西里にも直角角度は不正確であるがGとHの10丈間隔道路が残り、塀沿いに流れ下るイッボ川Ⅰも、田のあぜ道Jも20度の傾きがある。即ち、20度の傾きは伽藍の外へも広がっていたことが解るのである。

さて、ペンディングとしてきた伽藍の広さ＝奥行き長さについて考察を進めよう。

ここでは新建築の工事現場で用いる常套手法を採用する。

先ず前記の法隆寺境内実測図の金堂跡を中心として、東土塀と平行に南北中心線を引き、等高線との交点に垂直の線を立ち上げてここに等高線海抜数字の縮尺寸法（例えば等高線55ｍ→55ミリ）をマーキングする。そのポイントを繋げば、ポイント連続折れ線が必要とする斑鳩寺伽藍の南北断面図即ち南北の高低を連続して正確に表す折れ線である。同様に金堂の中心を通る東西線を引いて東西断面図を得る。

作成した断面図を検討しよう。K～Lを結ぶ線はきつい勾配である。L～M～Nはゆるやかな傾斜のほぼ直線である。N～O～Pでは下り勾配がややきつくなって、P～Qでは突然大きな段差がある。四倍に拡大してみると、P～Qは等高線51ｍと50ｍの間は崖である。

ここは境内地の境である。斑鳩寺境内の謎はこの断面図によって、一挙に解決する。即ち、「斑鳩寺＝若草伽藍の南境界はO～Pにあった」とみるのは、異論のなきことであろう。伽藍の前には道路があった筈として、P～Qの段差から南土塀まで10高麗尺の道巾をとって、ここOに斑鳩寺の南大門と南土塀があったものと結論した。この南大門と南土塀の線は後述する東西幹線道路Fから1000高麗尺であり、広々とした道と田畑であった。O以北は境内、O～Pは道路、P～Qは崖、以南はほぼ水平に近い勾配の田である。念のため等高線の50ｍラインを太い線に描いてたどって確認してみた。伽藍中心線から20ｍほど西は境内を北から流れ下る谷川の流域であり、田んぼの水源とされていたのであろうか。

北の敷地境界線Kは、Oから1000高麗尺とした。かくて伽藍の巾×奥行きは1000高麗尺角となる。(この広さは現代尺で3万8千坪。頭に描き易くmで言えば、巾354・5m×奥行354・5m＝125670㎡)

なお現在、東土塀には、道路Dから入る門があり、伽藍の奥行き1000高麗尺のうち、等高線の56m以北(薄墨色の部分)は傾斜した山地であった。

創建斑鳩寺の巾千高麗尺の伽藍の中には、東の土塀から西に450高麗尺と、750高麗尺のところに角度約20度で山から流れ下る谷川があった。ほぼ鏡池と弁天池のあたりである。この流れは若草から西院へ移建時に南向きに変えられた。

ところでもう一つ伽藍の広さにとって忘れてならない未解決の柱穴？？？がある。位置は五重塔址の中心から北へ106m、西へ55m。そして軸線と同じ20度傾いた、掘立柱の壺掘りの柱列が発見されている。これは若草の伽藍から西院伽藍へ堂宇を移建する期間に建物と仏像仏具を護るために設けられた、仮塀の柱痕であると考える。創建金堂と五重塔の基壇跡がわかり、東土塀も南土塀も位置がはっきり想定できる。更に加えて北と西に20度傾く仮塀があったこと。壺掘りの柱列が、20度傾く創建堂塔を移築中ガードした仮塀であるとなれば、創建法隆寺の伽藍配置考は更に確度を増す。

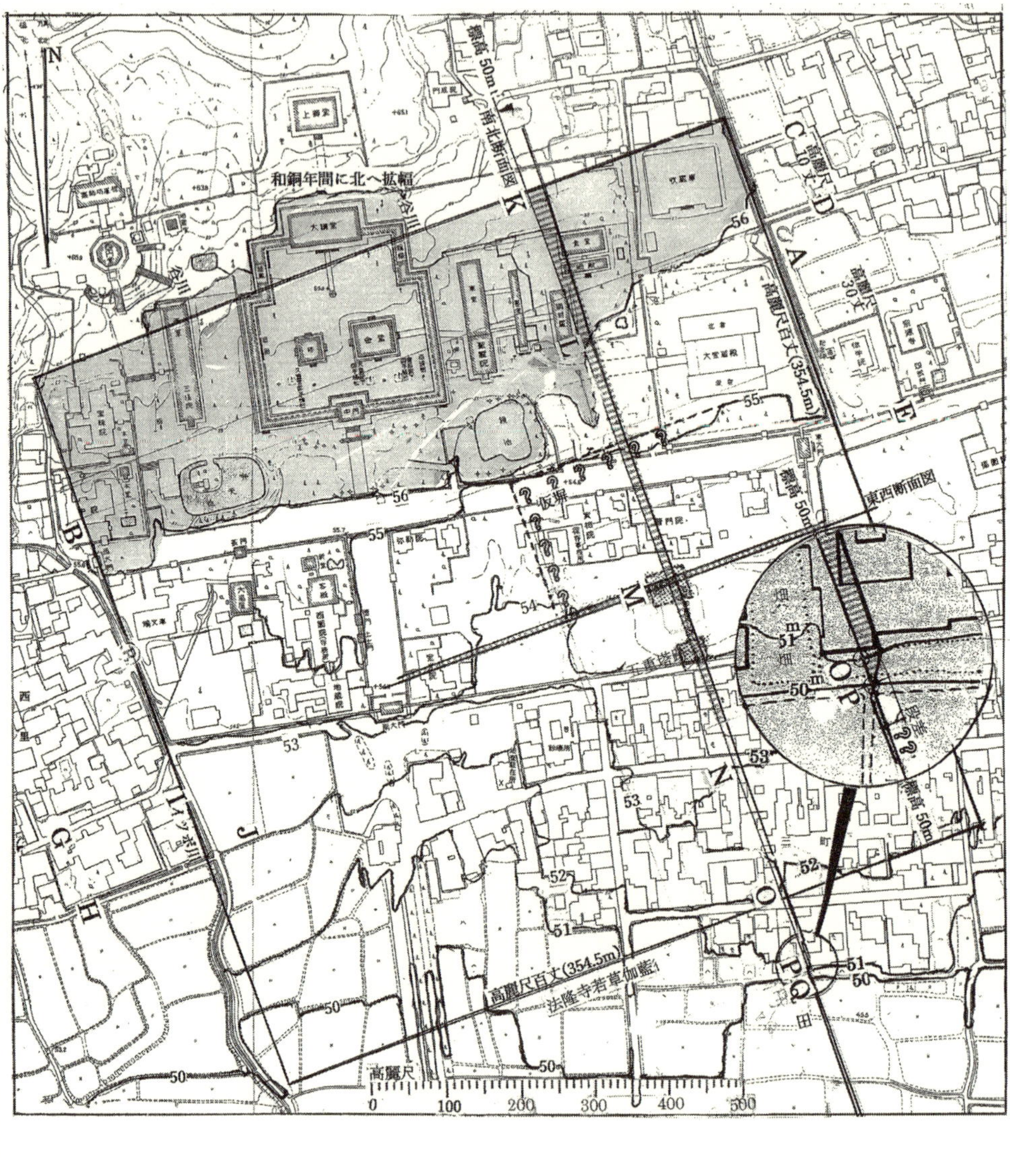


第三図　斑鳩寺伽藍の広さ

## 4、北向きでなく、伽藍を西に20度傾けた理由

発掘調査によって斑鳩寺の五重塔と金堂の中心軸は北で17度西に傾いていたことが解り、法隆寺伽藍の東土塀と西土塀はいまも、北で20度ほど西方へ向いている。

陰陽道は推古天皇（592～628）のころ隋、唐から百済を経て伝わったもので、陰陽五行説に基づいて吉凶を定め、天文・暦数などの事をきわめる術であるとされる。朝廷では古くからこれを採用し、中務省に陰陽寮を置いて学生に講習させ、国家の重大事から個人の日常の行動に至るまで、この方術によって決するのが例であった。用明天皇が斑鳩寺造営と薬師如来像造立を発願されたのは586年（薬師像光背銘）であり、年代として矛盾はない。

伽藍が北向きではなくて、西へ傾いて造られたのは、地形の事情に拠るものとこれまで思っていたがそうではなく、陰陽道などによるとも考えられる。法起寺伽藍でも東院伽藍でも、西に傾いて配置された礎石が発掘されている。現在でも、恵方参りと称して元日にその年の吉方にあたる社寺に参拝し、その年の福を祈る。ちなみに平成28年は南南東が恵方と言われる。急いで宗教用語集を探したが、門外漢の手に負えることではない。専門家に伺うのがよかろう。

日本書紀の欽明14年（553）に下記の記録がみられる。

「医・易・暦博士を当番制度により交代させ、卜書、暦本、薬物などを送らせることを、百済に要請した。欽明15年（554）易博士・医博士・暦博士・採薬師などが勅命により百済から来朝した。推古10年（602）暦本、天文・地理と占星術や占い術を学ばせた。暦術が日本へ初めて伝来した」

奈良県小山田古墳の発掘調査が進み、日本最大級の方墳であると発表された。添付図を見ると、古墳は北から20度ほど西へ傾いているように見える。

何故20度西へ傾くのか。

星座説を私は採りたい。そして薬師如来像の製作年代についても、科学的思考をしたい。

# 5、若草伽藍を捨てた理由

大きい建物を新築する時、必ず杭打ちと地中の付帯工事が発生する。敷地はどの様な地山であるか。その上にはどのような堆積土と表土層があるか。等高線を読むと、こういった地形地層と、伏流水の流れを掴むことが出来る。例えば本山クラスの建物を新築する工事では、現場の責任者は地形地層が読めないと、まともな施工はおぼつかない。これは建築技術者の力である。

１／１０００の境内地図にある等高線によって法隆寺伽藍の地層や地下水の流れを把握することができる。法隆寺若草伽藍は発掘調査によって、金堂と塔の基壇は土盛した上に建っていたと解っている。これは版築と言われる中国から伝来した地盤改良工法であり、建物は粘土と砂を交互に搗き固めた基壇の上に建っていた。しかし伏流水があると固めた土の足元が洗われて三十年も経てばあちこち緩んで崩れ、礎石が沈下するのは当然である。

発掘調査により金堂の基壇が確認されたあたりで、西北から東南へと凹んだ溝が長く伸びている。北の深い山から流れ下ってきた地中の伏流水が、金堂址から東へ流れ出ているのか。伏流水によって、基壇の土盛が緩めば、金堂と廻廊他の堂宇の礎石は沈下して柱も桁梁も歪んでしまう。若草伽藍の建物はなくなっていても、かって堂塔が建っていた境内地には、１４００年前から変わらずに地山の谷底を流水が下っている。第四図敷地高低には伏流水により生じた50ｍほどの溝？？？がある。若草から西院へ伽藍が移って跡地は平らに均してあっても、伏流水はその下の地山土の上を変わらず流下し続けていたのだ。この水は何処から来るのか。東室の下を南南東に流れ下る谷川がある。この水が若草伽藍へと伏流しているらしい。

ここで金堂修理報告書の記録を思い出し、思わずわが膝を打った。平成の現代建築でも使わない珍しい基礎工事である。報告書には、西院伽藍の今の金堂基壇は、盛土の版築ではなく、粘土の地山そのものであり、建物の周囲を全て鋤き取って平らにしてあったと記してある。和銅年間に移築した後は、礎石は１３００年の間、沈下はなく、昭和修理でも据え直しせずに済ませた礎石があると記している。若草の広い伽藍を捨てて、西院伽藍を新しく造ったのは何故かと首を傾げる人がいる。その人はこの溝を見て伏流水を知るがよい。伏流水によって礎石が不同沈下したため、若草の広い土地を見限った。落雷火災、地震被害など理由はあるにせよ、主原因は伏流水による金堂礎石の沈下対策でないか。

斑鳩寺の伽藍址はなぜ若草伽藍址と呼ばれるのか。斑鳩寺伽藍が西北に移建されて、その跡地は平らに均されて、かって廻廊で囲まれていた聖地中心部はお花畑となった。その周辺地には若草が一面に生い茂っていた。誰とはなしに若草伽藍と呼んでいた。

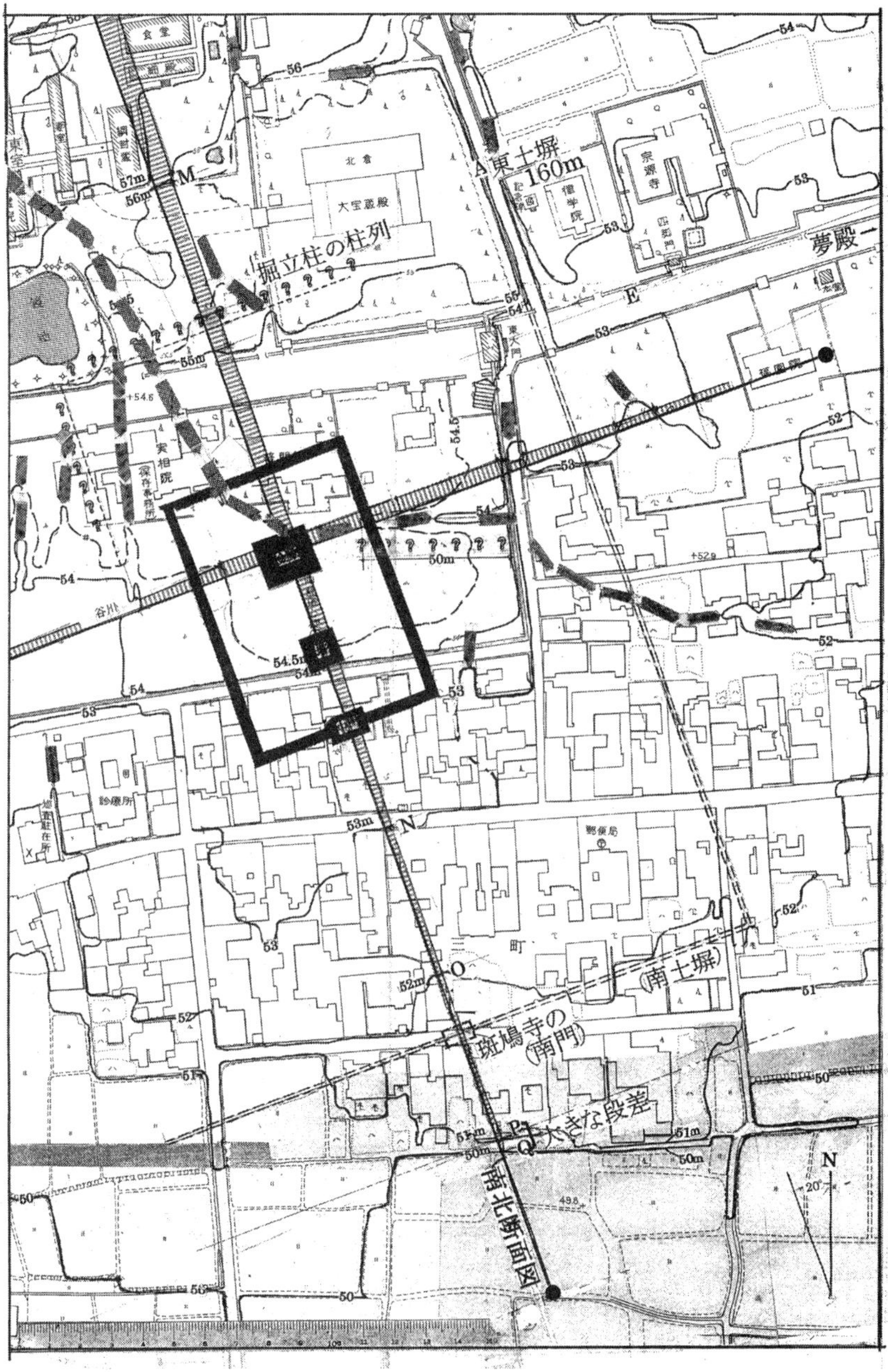


第四図　斑鳩寺敷地高低と伏流水

# 6、礎石はものごとの基礎

世界で最も古い木造建築＝法隆寺金堂の解体修理は昭和三十年に終わった。この修理工事の責任者である竹島卓一博士が礎石を丁寧に調査された。その記録をまとめて第五図とした。土間床には大きな花崗岩自然石が据えられその上に胴張りした太い柱が建っている荘厳な金堂。だがその柱礎石は、不揃いな傷付いた再用材である。柱の据わる円座部が無いほど削り取られているもの、円座の上部だけ削取って低くされたもの、焼け傷だけを斫り取って鑿痕が残っているもの、とに分けて示した。金堂は寺の本尊を祀る主堂である。その金堂を新築するのにこのような粗製乱造の礎石を据える筈がない。新築したとする定説（法隆寺再建説）は、間違いではないだろうか。

塔と中門の礎石も竹島博士の著書に記録がある。それによると五重塔の柱礎石には、金堂よりもひどい傷がある。中門の柱礎石の表面にも斫り傷や火によって変質したとみられる部分がある。これらの指摘を第六図に示した。

大講堂と東室は凝灰岩を丁寧に加工した礎石であるが、全ての凝灰岩礎石が柱座を下向きに天地逆さに据えてあった。掘り起こすと柱座の表面には前身建物の太い柱痕がみられた。これが転用材であることは、誰がみても疑う余地がない。詳しくは拙著『法隆寺を科学する』に記したので、ここでは立派な大講堂礎石の姿だけ図示しておく（第七図）。東室は和銅年間に古材を集めて現在の位置に建てられた僧坊である。よって他の建物の礎石を裏返しに据えて再使用した時期は和銅期である。

南大門についても記しておこう。若草伽藍の南大門跡が斑鳩町教育委員会によって発掘調査されたのは、平成二十九年のことである。礎石はここからも出土しなかった。

では、若草伽藍址の金堂、五重塔など堂宇の柱礎石は、また南大門の礎石はどこか遠くまで運んで捨てたのだろうか。そして西院伽藍の金堂、五重塔、中門の焼け傷や鑿で斫った痕をもつ礎石、更に大講堂、東室の天地を逆に据えた礎石は、何処かから運んできたのだろうか。この大問題について誰も口にしていないのは何故だろうか。諸賢にお伺いしたいものである。

私はゼネコンの本社建築技術室に在任中、石工事に関する技術者国家試験実施のお手伝いをしていたのだが、当然、建物の礎石や床・外壁に石を貼る施工に関して素人ではない。

だから焼け傷をもつ礎石、裏返して据え付けた礎石から誰もが目を逸らすのか、その理由がわからないのである。礎石はものごとの基礎。建築の歴史考察には科学するこころが必要であるというのに。

堂塔それぞれの礎石傷痕については前著で詳述したので、ここでは若草伽藍と西院伽藍全体の問題として提起した。若草の斑鳩寺跡に礎石がひとつもないのは、何処へ捨てて埋めたのか。とんちきなおとぼけは止めよう。全て丁寧に掘り起こして西院伽藍へ運んだので一個も残っていないと考えている。第六図。塔から中門に火のついた材が崩れ落ち、先代の像は焼損して周辺の礎石も赤変。中央の通路部礎石だけは無事で

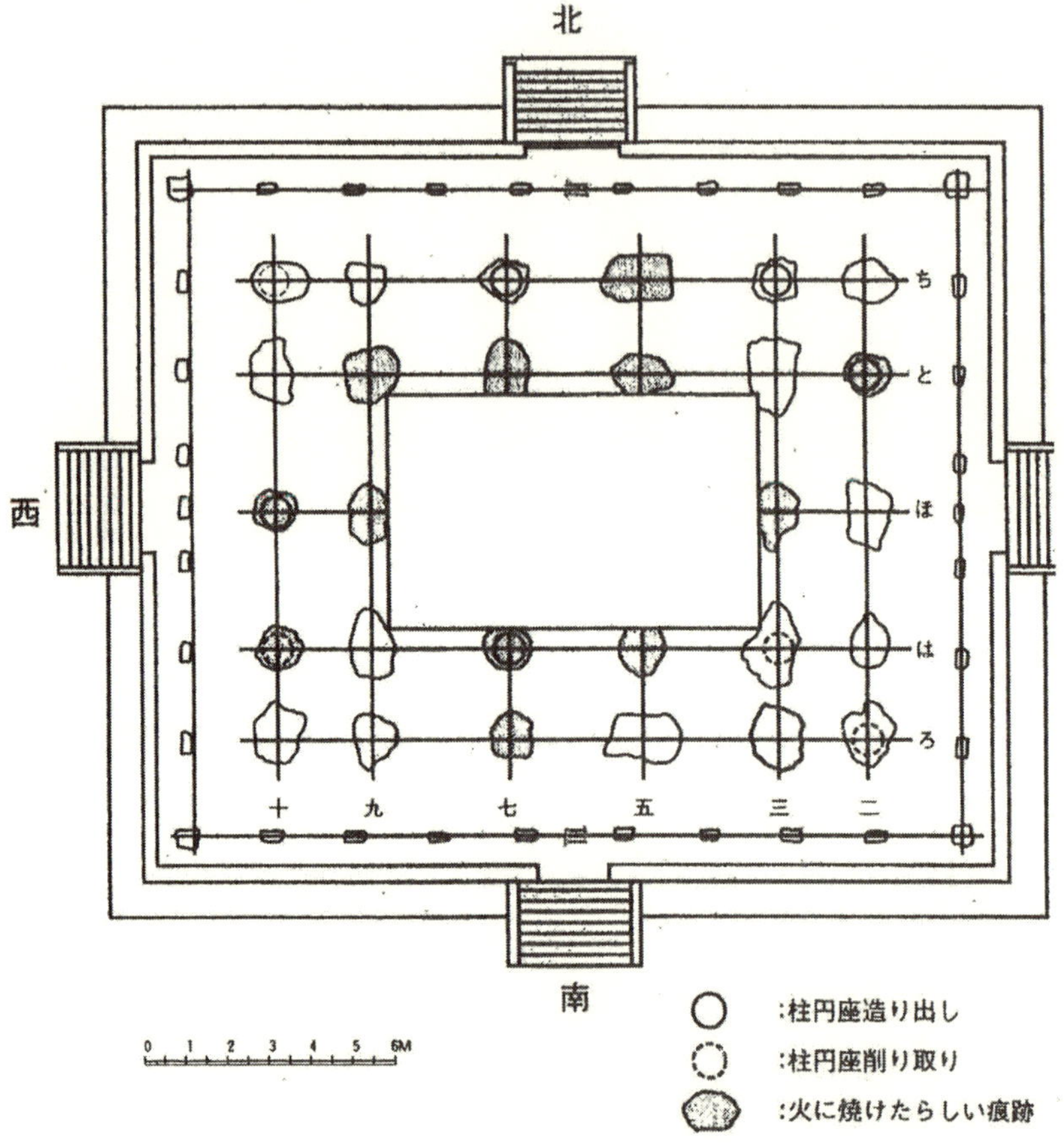


第五図　金堂礎石図

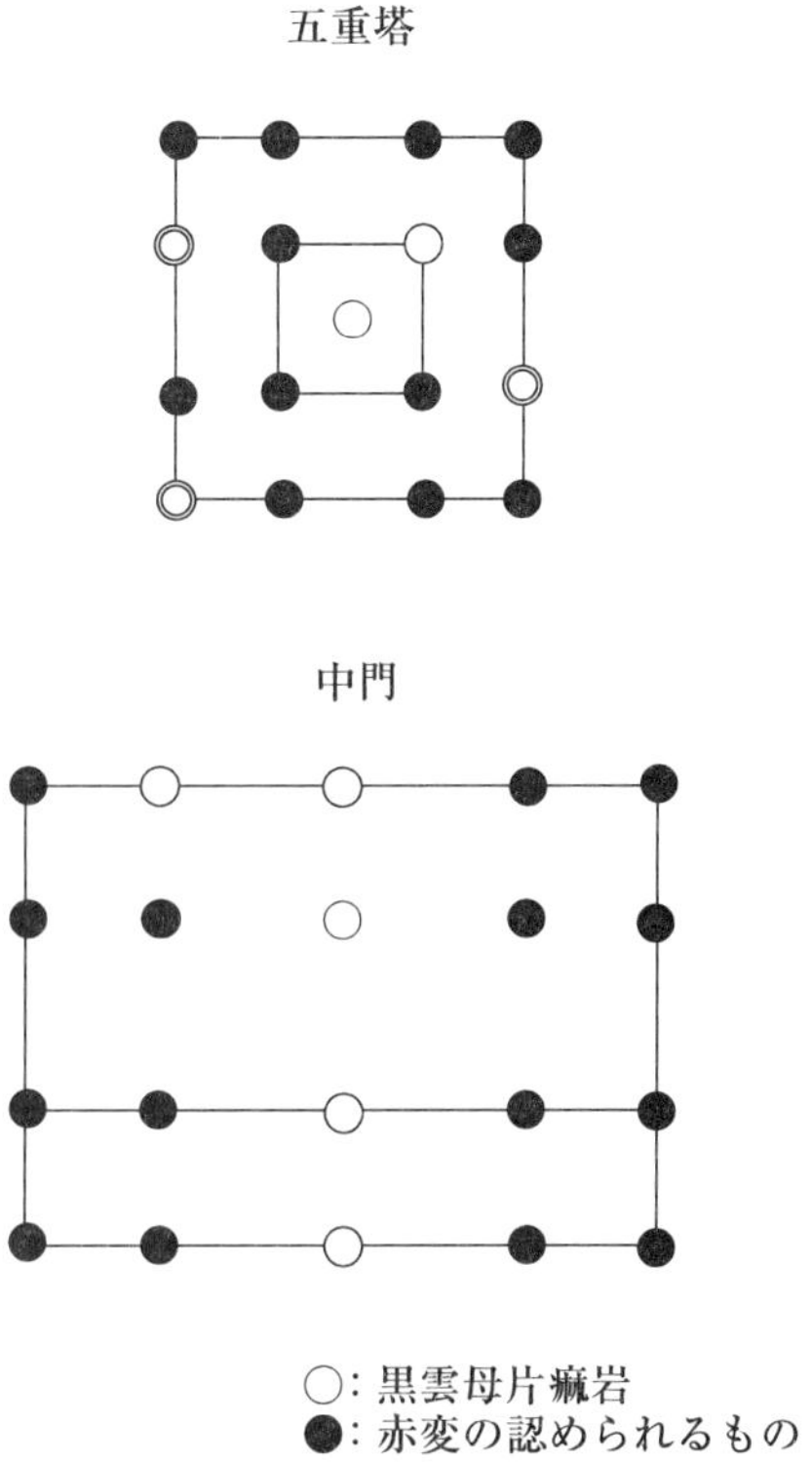


第六図　五重塔と中門の礎石図

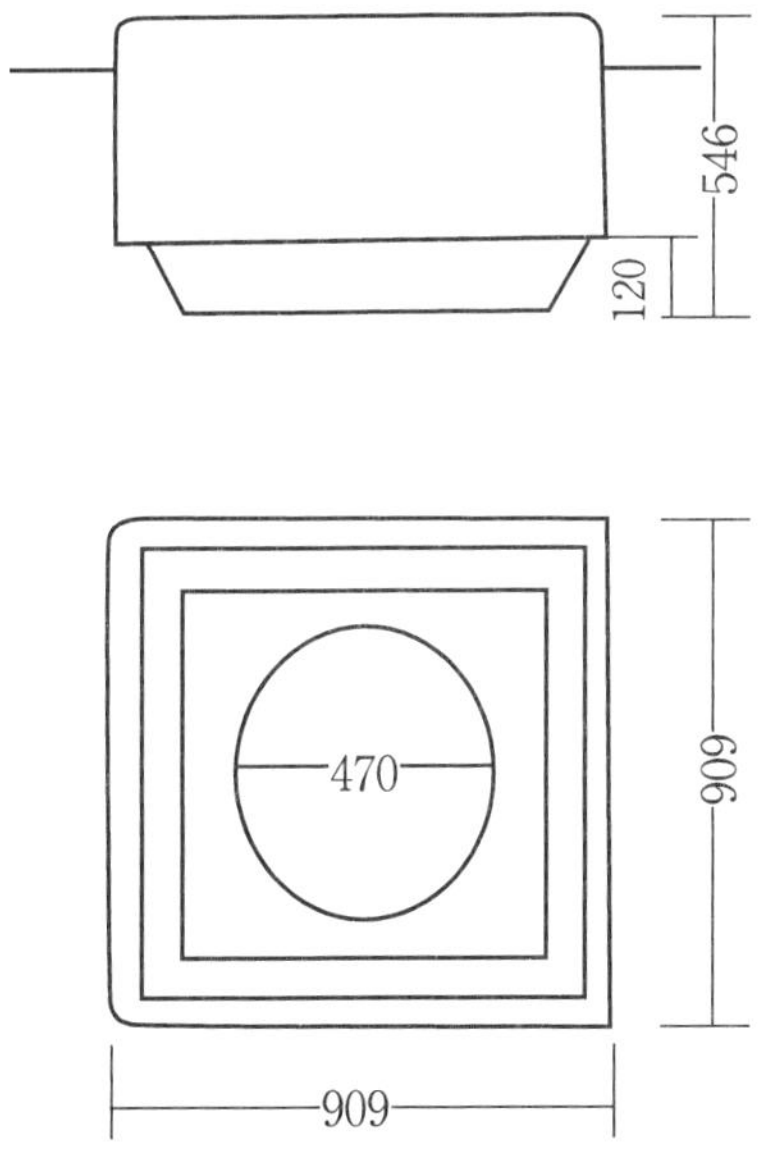


第七図　大講堂の裏返し礎石

あったと思われる。阿吽の金剛力士像がその後711年に施入された。

礎石だけではない。法隆寺の建物には飛鳥期の古い木材、墨書が現存し、仏像、仏具、工芸品、玉虫厨子、幡など、和銅年間（708~715）より以前の国宝が多く残されている。この事実は日本書紀の法隆寺天智九年（670）の「一屋余ス無ク全焼」とする記述と矛盾する。したがって日本書紀の記述は怪しいといわざるを得ない。

日本書紀に法隆寺火災の記録は二カ所ある。全焼記録の12行前には、「斑鳩寺災ス」とある。4ケ月前にも火災があったのである。斑鳩寺災スが正しく、法隆寺全焼記録は間違いでないか。建物も仏像、仏具、工芸品、玉虫厨子、そして大小の幡などは焼けることなく無事だったのだ。これらの宝物は全て国宝と重要文化財に指定されている。だが製作されたのは飛鳥時代であるのか、和銅期後なのか明記はしないで、飛鳥~白鳳期として逃げている。それでよいのだろうか。これらの発言は、誰からもない。

法隆寺を科学すれば、和銅年間に移建されたことが明白なのである。ここを出発点として我が国の文化文明の第一頁を正しく書き改める時期に来ているのではないだろうか。

さて、法隆寺の科学的考察はクライマックスへと進む。

# 7、五重塔に落雷した

前述したように、日本書紀は天智九年（６７０）の条に、「法隆寺災ス、一屋余ス無シ、大雨フリ雷震ル」とあるが、おなじ書紀の天智八年（６６９）の条には「斑鳩寺災ス」と記すのみ。他の三つの文献も災スとして全焼としていない。

斑鳩寺の廻廊で囲まれた聖地である若草伽藍から焼けた瓦や壁画片が出土し、火事は確かである。しかし全焼したか、火災でいくつかの建物が焼損したのか、どこに落雷したのかは不明のままである。日本書紀が選上されたのは、火災から50年後、養老四年（７２０）である。西院伽藍は十年前に完成して、若草伽藍址は平らに整地され一屋もない。書紀の二つの記録はどちらが正しいのだろうか。

技術者として科学的に考察してみたい。そもそも日本書紀は50年前の法隆寺火災の出来事を正確に伝えることが出来ているのだろうかという疑問がある。五重塔に落雷して火災となったのではないか。五重塔の相輪に鎌が付いているのは法隆寺だけで、他にはない。また心柱に雷避けの護符が貼ってあるのも法隆寺の塔だけである。五重塔が落雷によって大きな被害をうけたことは間違いないだろう。

斑鳩寺は雷雲に覆われ、天空と地面とは大きな電位差が生じていた。五重塔の相輪が雷を呼び込み、稲妻は高さ31・5mの相輪から心柱と四天柱を伝って地中へと流れた。

電流を通しにくい礎石は高熱で表面が焦げ、付近の木枠や扉も炎に包まれた瞬間に焼け焦げ、高電流は地中へと流れ去った。礎石と木枠や扉が炎に包まれて焼けた瞬間、室内に充満したガスが一気に爆発した。火事で最も恐ろしいのは、閉め切った室で壁から天井に向いて爆発的に火が拡がる、いわゆるフラッシュオーバー現象。温度は1000度を超えると言われる。建築技術者はフラッシュオーバー被害をよく知っている。現代の建築基準法では、被害を最小限に抑えるため、内装には不燃、準不燃の材を用いるべしと厳しく定めている。

法隆寺五重塔には落雷した時の状態を示す古い痕跡が幾つも残っている。その五つを記す。
・修理工事報告書には礎石が焼けて斫り取られていると指摘している。
・須弥山の塑像（和銅年間に新造された）を取り除いたところ、四天柱の表面に丹塗りと幕絵が色あせたまま残っていたと記録している。
・天井棹縁と天井板には絵師が筆ならしに落書きした文字や絵が多くあり、写真に記録してある。「六月肺出」は684年に出現したハーレー彗星とみられ、天智八年又は九年に天井材が焼けて、この年に新材に取り替えられたことがわかる。
・塔の心柱は火災より75年も前に伐採された大木であり現存する（年輪年代法により594年伐採とわかる）。火災でも太い木材は燃えにくい。
・第一章で述べた如く、雲形肘木は焼けた表面を削り取って再使用されていた。

これらはみな天智期の火災で焼けずに残った材である。五重塔の側柱に長い期間雨風に曝されていた風蝕があるが、これが何時どうして生じたか不明とされてきた。長期間火災後に外回りの裳階がなかったとすれば、風蝕が生じるのは当然である。礎石も焼け傷を斫り取って使ってある。焼けた壁画の後処理も大変である。須弥山と塑像製作据付けにも長い期間が必要であろう。

大雨で建物も樹木も地面もどっぷりと濡れて火勢を削いだ。僧坊には多くの学僧が起居されており、懸命に消火された。これが大火を防いだに違いない。

若草伽藍址、そこには一つの礎石もなかった。焼けた材木も発見できなかった。確認出来たもの、それは焼けて割れた屋根瓦と壁画の壁土。

そして現存の西院伽藍には表面を斫り取られた礎石がある。一番ひどいのが五重塔の礎石、次に金堂は柱座があるもの、少しだけ残るもの、全くないものが混在し、中門にも火に遭ったらしい痕跡がある。

これらのことから、斑鳩寺五重塔は全焼して消滅したのではなく、金堂の下を流下する伏流水によって基礎地盤が沈下し、しばしば地震によって軸組が傷んでいて、更に塔に落雷し大きな被害を蒙ったため移建したと考えるのである。

北西の山地を造成し、堂塔は順次に解体して移築された。落雷火災で焼損した材を補修して使い、塔の心柱（594年伐採）も再使用。板や屋根材は新材に取り替え、その他の焼損材汚染材も新材にて元の形に復した。皆が力を合わせて復興した。これが西院伽藍である。現代新建築の分野では、落雷対策の研究が進み、木材火災に関する理論も進んでいる。落雷説はその科学的判断によるものである。

古建築と新建築の知見をコラボして生まれたのが法隆寺の「和銅移建論」であり、これは日本の文化文明の第一頁が100年遡るとする主張である。しかし、それは私見に過ぎないとする人があるかも知れない。読者諸賢のご意見を頂きたい。

# 8、斑鳩の里に残る日本最古の条里

条里によって区画されたのは、日本で藤原京が最初であるとされる。藤原京は発掘調査されて、条里が確認されたのは確かであるが、最初というは間違いであろう。科学的に考察を進めると、条里はそれよりも一世紀近く前からあったと思えるのである。

実例を示そう。

斑鳩寺伽藍＝法隆寺の若草伽藍は高麗尺によって計画されており、東西百丈、南北百丈（後ろ十五丈は傾斜した山地）の広さに復元された。購入した昭文社「都市地図　奈良県3大和郡山市」の地図を、20度時計回しにすると、法隆寺の東西土塀の線は垂直となる。この地図に、先ず斑鳩寺（＝法隆寺若草伽藍）復元図を太く描いて、この高麗尺１００丈方眼の目盛りを四周へ拡げた。

驚いて目を疑った。これは何だろう。１４００年昔の斑鳩の里がタイムスリップして出現したのである。中宮寺跡は法隆寺東土塀から東へ高麗尺で二百丈である。厩戸王子の愛馬黒駒を祀ったとされる駒塚古墳はその南。この条里を北へ伸ばすと、斑鳩三塔と呼ぶ法輪寺も、法起寺の位置も百丈方眼割の中ほどになるようだ。

これまで発掘調査によって、東院伽藍と法起寺伽藍の建物は、北で西へ20～15度傾いて配置されていると確認されているが、伽藍全体が条里の方眼に合うのである。大和川より北の斑鳩町地図に北で20度西に傾いた高麗尺百丈方眼を描いた第八図により説明する。

第八図に描いた条里的配列は法隆寺の西土塀から西に拡がって、高麗尺百丈の線上に藤の木古墳がある。埋納品が盗掘されないまま多数発見され世間が驚いたが、注目すべきはこの藤の木古墳から南へ延びる方眼線の先に御幸大橋があること。

何故藤の木古墳の正面に御幸大橋があるのか。

もとは藤の木古墳に向かう正面に御幸大橋があった。県道5号＝大和高田斑鳩線は、現在御幸大橋を渡って30ｍほどして（？？？部分）右に20度折れている。しかしこれは北向き道路、であり大化の改新で区画変更されたものであり、本来は真直ぐ藤の木古墳へ向かう参道であったらしいのだ。

条里は東と西へも広がりを見せる。？マークで示した新業平橋と新池の斜め東西道路である。

何故この道路は斜めなのだろうか。新業平橋から新池まで斜めに７００ｍ道路が伸びている。傾いた道路は、現存する斑鳩寺伽藍の土塀と直角であり、そして藤の木古墳から南の御幸大橋へ延びる方眼線とも直角に交わり、つまり方眼区画とぴったり合致するのである。この斜めの道は第三図若草伽藍の広さに記した斑鳩寺南大門から南へ高麗尺百丈の距離にある。しかもこの７００ｍの道を地図上で西に延長すると三室山がある。法隆寺の東・西土塀20度の傾きは、斑鳩の里全体に及ぶものであった。後述するが三室山は我が国古代都市の計画論に考え及ぶものである。

南北と東西の主道路が交差するあたりに、斑鳩大塚古墳、伊弉冉尊神社、素戔嗚神社がある。斑鳩の里の中心部に、どうしてこの古めかしい呼称の古墳や神社があるのか。また新業平橋西の上宮遺跡公園はどなたの遺跡か。

川は資材の運搬路である。当時は材木も礎石も瓦も、川を筏や舟で運んだ。大和川には御幸大橋の近くで五つの川（富雄川、岡崎川、曽我川、飛鳥川、寺川）が集まり、更にすぐ上流に佐保川が流入している。山から伐り出した建築木材は、筏に組んで川を下り、なるべく工事現場近くまで運ぶ。１００年後に造営された平城京は木材を木津町に荷揚げしたが、木津川の下流が佐保川である。更に２００年後の平安京の用材は淀川に入る桂川の淀木津町へ運ばれた。建築技術者である私が気になるのは、法隆寺の東を流れる富雄川。富雄川沿いには、第八図に示した五つ池（古池、中池、籠池、木戸池、高瀬池）がある。富雄川に設けた木戸池は、筏の荷揚げ場所ではないのか。このあたりはもと船溜まりか荷揚げ場で、特に四角い形の木戸池は筏を逗留するにふさわしく思える。伐採して間もない材木はまだ乾燥しておらず後から狂い易い。それゆえ少なくとも加工前の２～３年は樹液が早く抜けるように水に浸けて乾燥させる。

材木、石材、屋根瓦、壁土の建設資材だけでなく、仏像も仏具・工芸品も、全て富雄川へ運んで荷揚げされた。五つの池を探せば１４００年前荷揚げ時に落したままの石や瓦が沈んでいるかもしれない。

飛鳥川が大和川へ入る東岸に太子橋がある。厩戸皇子は愛馬黒駒を馳せ、斑鳩宮から業平橋と太子橋を渡って20度斜めに太子道を進み、まっしぐらに明日香へ向かわれたのであろう。名馬なしに往事の歴史は語れない。

重要文化財に指定された鐙あぶみ（飛鳥時代の馬具）が、上野の東京法隆寺宝物館にある。藤の木古墳にも上野の法隆寺宝物館にもある。それから瓦について調査したい。法輪寺と法起寺との間にある三井瓦竈址と瓦塚古墳をも発掘して古い鴟尾や鬼瓦片があれば１４００〜１３００年前の瓦の歴史がはっきり解る。そして三室山と条里について、もう少し詳しく考察しよう。これは飛鳥期の文化文明に及ぶ都市工学であろう。

飛鳥前期（西暦５９０〜６００年）は恐らく竪穴住居に暮らす時代で、地面に穴を掘って柱を埋立てた建築であった。法隆寺の東院伽藍（夢殿がある）でも掘立柱の建物跡が発掘されている。そのような集落が点在する時代に、斑鳩の里の東西３㎞×南北３㎞に及ぶ街並みを如何に計画して、実際に建設を実施したのか。広い土地に整然と街区を計画する手法について考察する気分はハイ。考えてみると、奈良の平城京も、京都の平安京も、都の中心に朱雀大路があり、その北後方に小山がある。小山から見通して杭を北から南へと打って方眼中心線を定め、ここに等間隔に一条、二条とマーキングすればよい。この軸線と直交する線は大きな直角三角形を用いて決められる。斑鳩の里の三室山はその指揮旗振り場でないか。高さ80ｍの山上から星座を仰いで、20度の吉方位を確定し、川や池などは避けて現在の三室→新業平橋の中心軸を決めることが出来る。三室山にある神岳神社。この社名も気になる。

斑鳩の里は、前述の如く明らかに藤の木古墳と御幸大橋を基軸としている。ならば藤の木古墳はどなたをお祀りしてあるか。この謎にも迫りたい。

日本書紀には天武４年（６７４）に「小錦下佐伯連広足を遣わせて、風神を竜田の立野に祭らせ、大山中曽禰連韓犬を遣わせて大忌神を広瀬の河曲に祭らせた」とあり、以後しばしば龍田風神と広瀬大忌神に祈願されている。祈願・祈祷の記録は手元資料だけでも、685、691、692、693、696年……と15回に及ぶ。このような例はほかにない。各地で活断層地震が続いて、天武十三年（684）には南海トラフ海溝地震が発生した。地震活動期のさなかにあったようだ。藤の木古墳の西方に、龍田神社がある。広瀬大忌神は湾曲した川の岸と記され、これを地図で探した。まさに大和川に掛かる御幸大橋を渡れば東方800mに広瀬大忌神があった。

現在の斑鳩の里は飛鳥期の配置と変わらず、藤の木古墳の東に斑鳩寺と斑鳩宮址、その東に中宮寺址、そして北に法輪寺と法起寺がある。中宮寺は文献資料がなく聖徳太子建立七寺の一つと言われるが確かでないとされる。しかし条里割りに合致している故、建立は斑鳩寺と極めて近いであろう。20度西向きの百丈高麗尺条里考をもって、更に多くの史実が明らかとなるであろう。

このように法隆寺境内実測図と斑鳩・安堵町都市地図とにより、高麗尺の百丈方眼割は確かなことであり、北で20度西向き角度の区画と道が今も残っていることも事実である。これは何人も認めざるを得ないであろう。法隆寺を科学することにより、これまで誰も知らなかった本当の飛鳥時代の歴史と、文化文明開化が明らかとなった。

斑鳩宮と斑鳩寺が計画され建設されたのは、590〜600年ころである。（薬師像の光背銘による）斑鳩寺の伽藍は高麗尺方眼にて設計され、周辺の道も斑鳩の里も高麗尺百丈によって区画された。

我が国の条里の始まりは、斑鳩の里であり藤原京より百年ほど早い。このように主張したい。和銅移建論によって解いた如く、現在の西院伽藍は、斑鳩寺の金堂、五重塔、中門、廻廊が、若草から移建されたものであり、使われている柱や桁梁はそのまま高麗尺間隔の割り付け穴が残っている。堂塔だけではない。境内地も高麗尺の１００丈（現在の３５３・４ｍ）で区画され、周囲の道もそのままその10丈の間隔が残っている。

イツボ川にも田のあぜ道も20度の傾きがある。飛鳥時代の条里制の遺構は、律令国家以前の土地制度を知るここにしかない大切な資料である。しかしこの斜め20度の斑鳩の里の条里は、斑鳩寺と同時期の１００年間存在したが、若草から西院へ伽藍が移った白鳳期、即ち和銅期以後は、20度傾いた川は埋められ、川流れは南向きに改められた。それにつれて。道も田畑も次第に現在の如く変わっていった。

和銅年間（７０８~７１５）の法隆寺西院伽藍へ移建と時期を同じくして、大化の改新によって、斑鳩の里の条里は現在の如く北向きに変わり、道も川も田畑も、次第に現在の如く変わったのである。

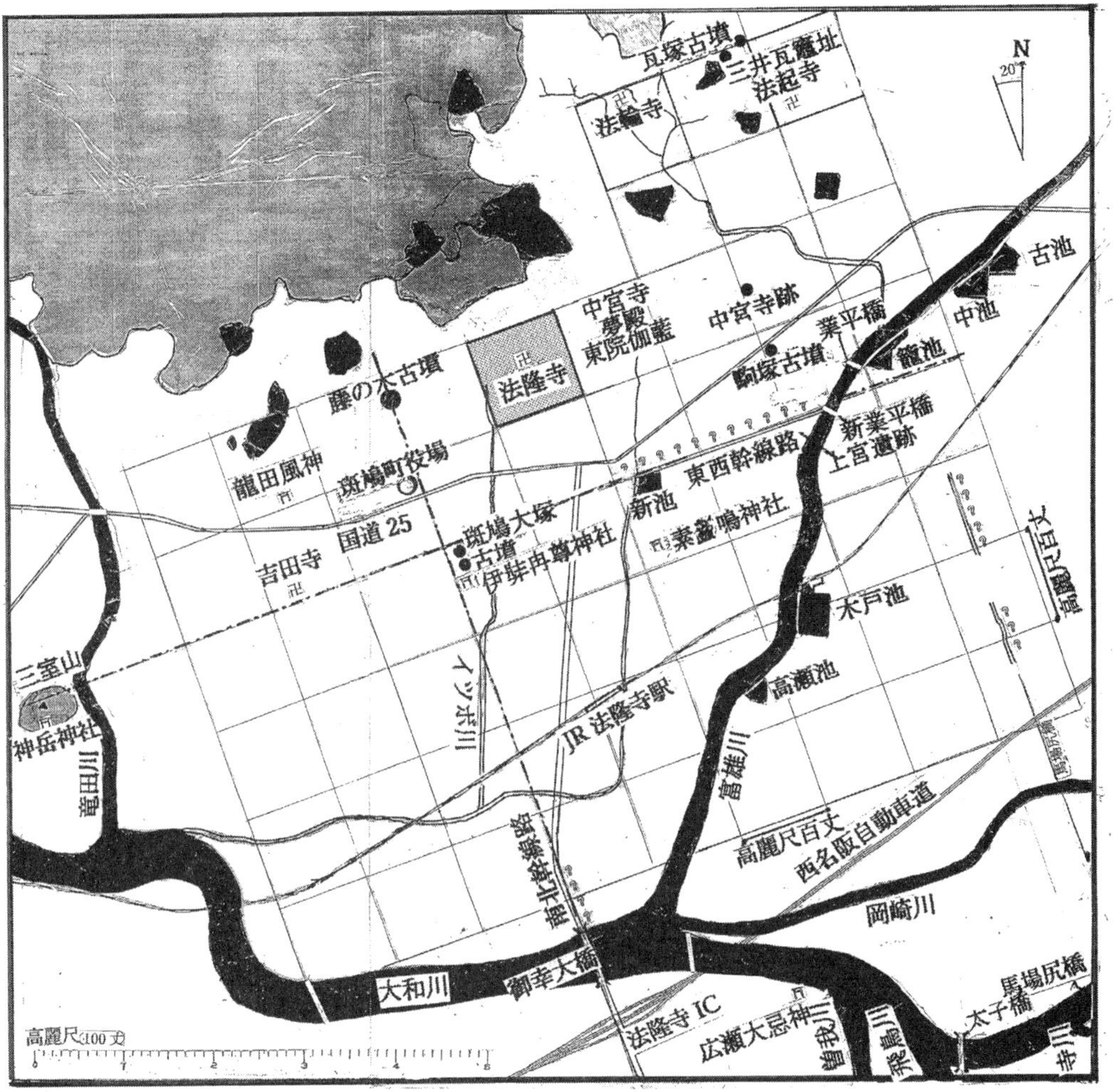


第八図　斑鳩の里に日本最後の条里が残る

コラム1

# 明日香の都も西へ20度傾いていた

古来より、大都市は大河のほとりに造られてきた。川は生活用水と飲料水を給し、不要物を処理してくれる水の路であり、そして物資を多量に運ぶ路である。明日香の里に大河はないが、その役目を飛鳥川、高取川、曽我川三つの川が分担した。

第九図は昭文社の都市地図「奈良県5橿原市」に、川の流路と古墳、社寺等の位置を解り易く太く描いたものである。この地図の上に斑鳩の里考察に用いた高麗尺方眼目盛りの透明シートを載せてみた。

飛鳥川に注目しよう。飛鳥川の流れは南の山から20度北西に向いて下っている。高取川は20度傾いて流下して畝傍山に当たって西に折れ曲がって曽我川と合流している。人が生活するに必要な給排水は飛鳥川、高取川、曽我川は物資運搬が役目か。太い県道133で川と明日香の里を繋いでいる。

都市地図・橿原市の縦道路に目を凝らし、飛鳥川東岸の道に高麗尺方眼（目盛りは高麗尺百丈＝354・5m）の縦の線を揃えて載せ、この縦線を1として西に向いて2、3、・・と番号を付した。次に横の線は甘樫丘の頂▲印に揃えて四の記号を付け北へ三、二、一そして南へ向けて五～十とした。

飛鳥川東岸道路は南南東へ進んでそして三と五あたりで甘樫丘▲に突当たって東へ膨れるが、石舞台古墳まで伸びている。

## 明日香の道路も西へ20度傾く

記号7の県道207は??マークを付した如く縦線7にぴたりと合致して、橿原神宮前の久米町から南へ1300m延びている。そして五で直角に東へ曲がっている。

県道207だけでなく、平田から南のキトラ古墳へ向かう県道210も、??を付した縦線6からやや外れるが、縦の直線道路として計画されたのでないか。自然に出来た道でなく、川を避けたため15度程になったのであろう。1400年前に20度斜めの高麗尺割道路が造られ、それが飛鳥川右岸道路、県道207、県道210、県道133として今も昔のまま残っていると思われる。

飛鳥京の都市は、飛鳥川東岸道から県道207までが、中心区域であり、斑鳩の里と同じように、飛鳥京は北から20度西を向いて高麗尺で区画され、その幅は東道路から西道路まで6000高麗尺＝2120・4mであったのでないか。

縦の道路だけでなく、古墳も古い寺も20度西を向いているようだ。丸山古墳は地図では北から約20度西向きに描いてある。東漢氏の氏寺とされる檜隈寺は北で20度西へ傾いていた。横線六―七にある古墳や古い寺院址の多くが、発掘調査の結果、真北の方角でなく西に傾いていたと報告されている。明日香の都の全体が20度西を向いて造られたのでないか。

明日香京の道路は、これまで誰もがフリーハンドの曲線で描いてきた。しかし斜め20度傾く高麗尺方眼の直線路もある。明日香の都は斑鳩の里と同じように軸線が真北を向かず西に20度傾いて、高麗尺で区画されていた。そして大化の改新以後は北向きにされたとすれば、飛鳥時代の歴史の謎は説きやすい。そしてもう一つ、飛鳥は馬なしに語れない。京都の上賀茂神社で行われる鏑流馬《やぶさめ》を私は思った。明日香と斑鳩とは、馬の疾走する時間で考えねばならない。豪族曽我氏は東南部の飛鳥、明日香に居住し、厩戸王子の橘寺もその近くにある。曽我氏と厩戸王子は飛鳥川東堤の縦道路1を、檜前に居住された東漢氏は、縦線6の県道210、縦線7の県道207を馬で駆け抜けておられたか。

大化の改新で高麗尺が廃止され、以後は唐尺方眼となり、基準線20度西向きは北向きに改められた。中央の南北と東西の道路全てが現在の如く造り変えられたが、南から北へ斜めに流下する川は動くことなくそのままで、川沿い或いは川に近い道は手付かず残った。

明日香にある古墳、陵、宮、寺院址等は長年にわたり発掘調査されており、その成果が論文として発表されている。御園と呼ぶ七～九は皇族の陵墓地区でないか。

法隆寺の調査・修理では、先ず方位はどうか、尺度は高麗尺か唐尺か。そして大化改新―白村江の戦い（646～663）の前か後か。この三つを考えてきた。「飛鳥の建物の歴史」に関しても今後この三つの考察が必要でないだろうか。飛鳥期の斑鳩寺が和銅年間に移建されたが、全く同時期に飛鳥の諸寺も奈良平城京へ移された。このことを判断資料に加えて頂きたい。

飛鳥京の歴史は、地中の遺物や痕跡だけでは解らないし、判断しかねることもあろう。そこから前へ進むには、考古学上の思索と建築物上の思索とを、うまくかみ合わせする必要があろう。

# コラム2 地震と遷宮

もうひとつ問題提起しよう。

飛鳥時代百年の間に五度も遷宮が行われている。これは何故だろうか。

七世紀末から100年の間に五度の遷宮。考古学者のなかにはこれを歴代遷宮と考える人もおられ、謎に包まれてきた。しかし遷宮されない天皇もおられる。科学的に考察する必要がある。

飛鳥地方には活断層があるが、これを調べた人は少ないだろう。我が国最大の中央構造線活断層は、奈良の紀伊半島断層帯から始まっており、四国を西へ横断している。

日本書紀には、推古七年（599）の項に「地動き屋社悉く壊る　四方に地震神を祀る」、次いで推古九年（601）の項には、「河川氾濫宮廷に満つ」と記している。大地震と河川堤防決壊はつきもの。明日香の都は豪雨により堤防が崩れ、南と東の山からの大雨と土砂で埋まって、都としての機能を失い、難波豊崎京に遷都した。

仮建物は建てても、飲み水がなく汚水処理もままならぬ都には、疫病が発生して蔓延する。国家行事の全てをキャンセルし、宮を別の場所に建てて避難するしか選択肢はない。西暦600年代、我が国は地震活動

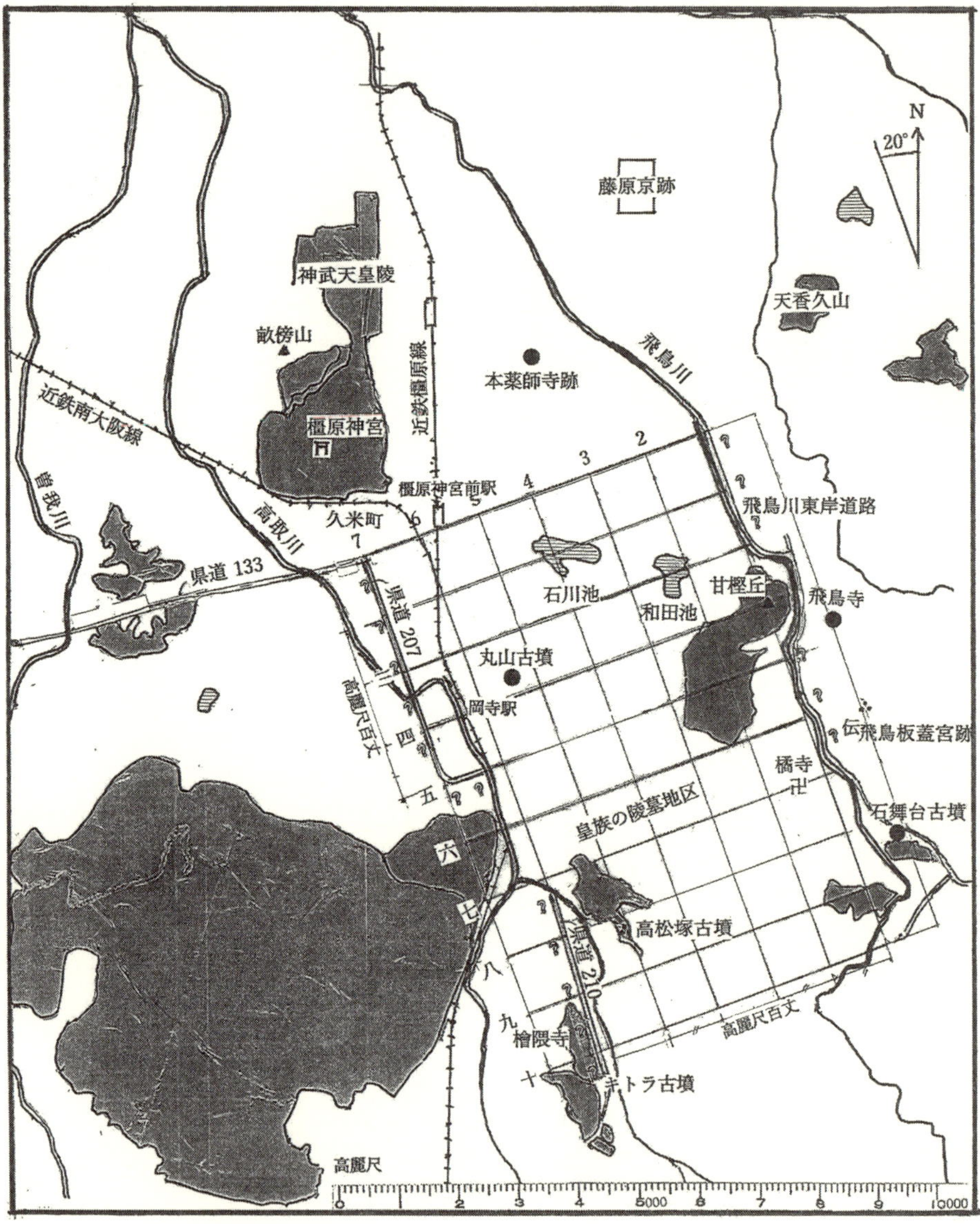


第九図　明日香の都も西へ20度傾いていた

期にあった。皇室も豪族も民も打ち続く地震災害に疲弊して、各地で荒び、争いが生じた。

現在では、東日本大震災を忘れまいとして３・11と呼ぶ。明日香の都にとって６０１年はエポックで忘れてはならないと私は思う。第十図は飛鳥・奈良期地震記録である。

次いで書記皇極元年（６４２）の項には「十月地震四回」とある。

明日香の20度傾いた道路はあちこち寸断され、高麗尺で造られた建築も倒壊して機能を失ってしまった。仏像・仏具を製作する工房も被害を蒙ったであろう。そして大化の改新を境に再興された新しい都は、北向き道路で唐尺で建築されることとなった。地震によって崩れた大型の古墳。薄葬令により大規模でない円墳が造られることとなった。島庄遺跡では北から大きく西に振れる方形の池や水路を埋めて北向きの建物が建てられ、埋土の中から大量の飛鳥の土器が出た。天武朝から持統朝に北向きに変えられたことが解る。高松塚古墳とキトラ古墳は円形古墳で壁画も似ており、皇族兄弟を祀ったものとされているが、誰の墓か定かではない。20度傾いた線上にないことから、大化の改新以後に築かれたことは違いないのである。

続いて天智三年（６６４）には「地は大震」とある。防ぎようのない地震の被害を避けたのか今度は近江京を造って天智七年（６６８）に遷都された。

天武十三年（６８４）に南海トラフ巨大地震が発生。浅間山も噴火（６８５）した。前震、後震で川水も地下水の流れも異変が生じ、都は機能不全となった。被災した都を北向き唐尺区画の新しい都に造り変える大土木工事に取り掛かった女帝が、大きな水路を造って悪しざまに言われている。難波豊崎―近江―明日香―藤原―平城京の遷都は、地震被害によるものと考えられる。

このあと地震は九州地方へ移動し、近畿地方では復興が始まったが、後震は続いた。

持統元年（687）1月地震、11月地震。7年後の持統八年（694）藤原京へ遷都したが、大寶元年（701）丹波地震、諸国津波。慶雲元年（704）大和大震、慶雲四年（707）諸国大震。ついに和銅三年（710）、平城京へ遷都した。霊亀元年（715）近江大震、三河大震。斑鳩の里にある龍田神社と広瀬大忌神へはこの間に祈祷が15回もなされている。遷都せざるを得なかったと歴史認識すべきではないだろうか。ここから「遷都は地震の所為」という推論が浮かび上がってくるのである。

フィリピン海プレートは一年に3～4㎝、東日本プレートは一年に7～8㎝、絶えず30度ほどの角度で日本列島に潜り込んでいるとされる。ために列島大地は盛り上がり、歪み、断層が割れて各地で直下地震が発生。地下では水の流れが変わり、気候は不順となり、火山からマグマが噴き出る。これが前震である。海溝地震では津波被害が大きい。このあと列島大地は元へ戻ろうとして同様の後震が続く。海溝地震は250～300年ほど毎に起こり、その前震40年と後震40年は地震活動期と言えるのではないか。

日本書紀には、風水害を避けるために、天武元年（672）龍田風神、広瀬大忌神をお祀りして、朱鳥元年（686）の間に、十五回近く祈祷が行われたとある。この祈祷記録は天武十三年（684）南海トラフ巨大地震と時を同じくする。地震被害の少ない斑鳩の里は為政の行事と深くつながっていた。

厩戸皇子は、明日香の都を離れて斑鳩に宮と寺を造られた。これは推古七年の地動き屋舎悉く壊る、翌々年の大雨河水氾濫宮廷に満つ状況の明日香の地を避けられたのでないかとも考えられるのである。

日本は世界で指折りの地震多発国である。地震は日本建築の天敵といえる。建築歴史は、地震被災と復興の歴史とも考えられる。

これまで建築歴史にあっては、地震について深く考えることも議論されることもなかった。しかし、地震国日本の歴史は、地震抜きでは明らかにならない。日本列島の文化文明は地震と大きく関係すると思われる。

第十図地震と遷都考は日本書紀の地震記録を拾って、横に遷都そのほか手持ちの記録を並べたものである。

これを根拠資料として、「地震遷都論」を提議するものである。

| | 地震・噴火記録 | | 遷都・寺移建 |
|---|---|---|---|
| 推古七年(599) | 地動き屋舎悉く壊る | | |
| | 四方に地震神を祀る(書紀) | | |
| 推古九年(601) | 大雨河水氾濫宮廷に満つ | | (601)斑鳩宮造、(607)斑鳩寺造 |
| 皇極元年(642) | 十月地震(四回)(書紀) | → → → | 大化元年(645) 難波豊崎京に遷都 |
| 天智三年(664) | 春地大震(書紀) | | 天智六年(667) 近江京に遷都 |
| 天武三年(674) | 十一月地大震(書紀) | | |
| 天武十三年(684 ) | 南海トラフ巨大地震 M8 | | |
| 天武十四年(685) | 浅間山噴火 | | |
| 持統元年(687) | 一月地震、十一月地震 | → → → | 持統八年(694) 藤原京へ遷都 |
| 大寶元年(701) | 丹波地震　諸国津波 | | |
| 慶雲元年(704) | 大和大震 | | |
| 慶雲四年(707) | 諸国大震 | → → → | 和銅三年 (710) 平城京へ遷都 |
| | | | 和銅年間(708～715) 法隆寺移建 |
| | | | 持統～和銅(700～710) 大安寺 |
| | | | 元興寺興福寺薬師寺平城京に造立 |
| 霊亀元年(715) | 近江大震、参河大震 | | |
| 霊亀二年(716) | 桜島噴火 | | |
| 天平六年(734) | 大震 | | |
| 天平八年(736) | 六月地大震　(書紀) | | |
| 天平十年(738) | 十二月筑紫地大震(書紀) | | |
| 天平十一年(739) | 十一月十一日、十四日地震(書紀) | ↓ | |
| 天平十二年(740) | 九月地震　(書紀) | → ↓ | |
| 天平十三年(741) | 三月六月十月十一月地震　(書紀) | ↓ | |
| 天平十四年(742) | この年地震多八月大震鹿児島大震 | ↓ | |
| 天平十六年(744) | 京都及び諸国大震海嘯起る | → ↓ | |
| | 土佐大潮　伊豆三百余丈増益 | ↓ | |
| 天平十七年(745) | 浅間山噴火十一月地震(書紀) | ↓ | |
| | 美濃大震 | → | 天平十七年(745) 都を平城に戻す |
| 天平十九年(747) | 十一月十七日地震　(書紀) | | |
| 天平勝宝五年(753) | 摂津津波 | | |
| 天平勝字五年(762) | 美濃飛騨信濃他　大震 | | 宝亀二年(771)東大寺造立 |
| 天応元年(781) | 富士山噴火　地震十回 | → → → | |
| 延暦元 年(782) | 地震六回 | → → → | 延暦三年(784) 長岡京へ遷都 |
| 延暦四年(785) | 地震二回 | → → → | 延暦十三年(794) 平安京へ遷都 |

第十図　地震と遷都考

# 9、金堂と同じ五重塔初層内部の壁画

五重塔初層内部には斑鳩寺建立当初の古い壁画が現存する。第十一図は五重塔を解体して修理された記録である。

この記録について補足説明しよう。

法隆寺の諸建築は国の事業として昭和九年以来同三十年まで、大規模な解体修理が行われた。建物の解体に当たり細心の注意を傾けて各部の周到な調査を行い、その結果は修理工事報告書として刊行されている。ただそれらを記録した工事報告書はあまりに専門的であるため、一般社会はもとより建築史家の間にすら十分に知られていない。京都大学では解体修理に当たられた文部技官、浅野清工学博士を招聘し、文学部史学科の国史・考古学及び美術史専攻の学生のために昭和21年隔週4時間、前後七回講義された。そして昭和28年この講義内容を京都大学文学部考古学叢書の第一冊として出版された（株式会社便利堂）。第十一図はこの本の「五重塔初層内部壁画の発見」（P１３２~１３３）を転記したものである。

五重塔初層内部壁の、白い上塗りを剥がしたところ、金堂の各隅の壁（昭和24年壁画焼損事故以前の壁）と塔の各隅の壁は同じ構図で同じ大きさの菩薩像が現れてきた。その図像は金堂の生写しであるが、壁の大きさが異なるゆえ、壁面内に収まるように壁画の大きさはそのままで下方だけ余白を減じたり、頭光の圓を一つ少なくして天蓋との間を接近させてある。また塔内部の上方斗拱にある小壁からも、山岳の上に樹木などの描かれた旧い壁画が現れ、これも金堂の斗拱間小壁と同様の絵であった。高所に山をこのように描くとは、橘夫人厨子や、金堂天蓋の天井下小壁にも見出される。

絵師の手元には各隅毎にお手本とする原画があり、金堂も五重塔も同じこの原画を写して描いたと思われる。

昭和大修理の調査では、五重塔は建築されて以来昭和まで、解体修理は一度もされていないこと。そして途中で壁間渡し貫の先端を切取って、壁だけ入れかえたなどの痕跡も全くないこと。また古今目録抄（鎌倉時代中期）に、壁画があると記されていることが解った。

昭和28年の出版以来70年を経るが、この壁の記録を読み、重大な調査結果を解読して公表した人は誰もいなかった。古建築と新建築の知見をコラボして、私はこの壁の記録が第7章に記したフラッシュオーバー被害であると気づいた。

斑鳩寺は落雷火災によって全焼して失せたのではない。五重塔の心柱は５９４年伐採した大樹であり（年輪年代法による）、柱や桁梁など良質な太い檜構造材は、表面は焦げても燃えて失せることはなく現存する。四天柱の幕絵は前記した如く須弥山を造り塑像を並べて隠され、雲形肘木は黒焦げとなっても、表面を削り取って再使用されていた。壁画は黒ずんで変色したが白壁で上塗りして残されていた。移築する際は、まず上の桁を外し、柱を一本ずつ抜きとるたびに、壁を一面丁寧に取り外した。これを運んで逆の順序で組み立

## （ト）其他の諸發見

### 一、五重塔初層內部壁畫の發見

初層內部の壁に菩薩像を描いた壁畫が存在したことは古今目錄抄の記す所であるが、一見新壁に見えていたものの漆喰上塗を用心深く剝してみると、（或ものはその下の中塗をも剝さねばならなかつた。）舊壁面が現れ、上塗の壁のつき易いよう壁面一面に痕が入れられていたが、そこには幽か乍ら壁畫を描かれた痕跡が殘り、彩色等は殆ど失われているけれど、下塗の白土層に濃淡が出來ていて、圖像を辿ることが出來るものもあつた。北側の東、東側の南の二壁は壁が新壁に替つていて、繪は出なかつたが、その他判明する限りのものによると、その圖像は金堂各隅のものと同じで、同じ位置には同じ像が配されていることが知られたので、その大きさを詳細に檢してみると、驚くべきことには全く生寫しで、壁面の大きさを彌縫するため、下の餘白を減じたり、頭光の圓を一つ少くして天蓋との間を接近させる等の手段を講じていることが判つた。このことは塔の天井板の文樣が金堂のものに比してかなり遲れると考えられることと合わせて、その建立年時を考える上からも極めて示唆的である。上方斗栱間の小壁でも同樣舊壁面が現れたが、ここには山岳の上に樹木等の描かれたらしい痕跡をとどめており、こちらには多少繪具も殘つていた。かかる高所に山をかくことは橘夫人厨子並に金堂天蓋天井下の小壁にも見出される所で、金堂の斗栱間小壁にも亦かかる山中に羅漢の圖を描いている。

京都大學文學部考古學叢書 第一册
昭和二十八年八月 一日印刷
昭和二十八年九月 一日發行
定價八五〇圓
不許複製
著者 淺野清
發行者 京都市中京區新町通竹屋町南 株式會社便利堂 中村竹四郎
印刷者 京都市中京區新町通竹屋町南 株式會社便利堂 佐藤辰三
印刷所 株式會社便利堂
活版印刷 河北印刷株式會社
發行所 京都市中京區新町通竹屋町南 株式會社便利堂
電話上⑧五二三八・六〇六六番 振替京都九一一七一番
東京都千代田區有樂町一ノ四 便利堂東京出張所

第十一図　五重塔の壁画

てた。ただ天井板と天井格縁だけは小さい断面で再使用出来ないため新材で補足した。これは絵師によって蓮華紋を描いて彩色されたが、六月肺出のハーレー彗星落書きがあり、684年の仕事と解ったのである。

黒く煤けたこの壁画の発見記録は、法隆寺再建論も二寺併存説も理由を説くことがまったく出来ない。斑鳩寺は全焼したのではない。和銅年間に焼損部を繕って北西の西院伽藍へ移築された。

法隆寺和銅移建論は、決定的に確実なものとなった。金堂と五重塔、そして中門、回廊は1400年前の姿のまま現存するのである。

# 10、玉虫厨子は建築のひな型？

玉虫厨子について考察しよう。建築設計者がこれから建てる新しい建物を言葉だけで説明しても、解りづらい。金堂の屋根のかたち、軒の反り具合、雲形肘木、棰の配置などを言葉だけで説明しても、何のことかどのように造るのかちんぷんかんぷんであろう。しかし実物の模型を作ってそれを指で示しながら説明するとよくわかる。玉虫厨子はその役目をする模型であった。

「玉虫厨子は建築模型」これは技術者の持論である。昭和修理中に、五重塔小屋材の中から古い茅負（軒先の棰を横に繋ぐ化粧材）が見付かり、この反り曲線を写して1／20にしたところ、玉虫厨子の軒反りと合致したと報告されている。私共が見る塔の軒先の反り上がりは、玉虫厨子と同じである。

玉虫厨子の屋根はしころ葺き（瓦葺きなどの屋根において屋根の流れ方向の面の途中に段差を設けた屋根の葺き方。段差から上は切妻、入母屋、寄棟造りとする）で、棟は鬼瓦でなく鴟尾が飾られ、丸棰が使われている。斑鳩寺の金堂と塔の屋根はこのひな形通りの形であったに違いない。

証拠品が残っている。現東室の西流れに立派な丸棰が使われている。良質な芯去り檜材に古式の継手とエツリ穴がある、手の込んだ加工が施してある。日本中でここにしか存在しない丸棰である。また金堂と大講堂の北西から破損した鴟尾片が埋まって発見された。

斑鳩寺の金堂の屋根はしころ葺きで鴟尾が飾られ、同じく丸棰であった。また大講堂の屋根にも鴟尾が載っていた。塔に落雷して火災になり、丸棰が大きく焼損したため、西院へ移建した際には角棰に変えられ、焼けずに残った丸棰は東室の屋根に転用された。金堂の屋根も現在の如き入母屋造屋根となり、鴟尾を廃して鬼瓦を飾り、角棰の屋根にされたと考えられる。

厨子の壁に描かれている「捨身飼虎図」は、飢えた虎に我が身を与える、言葉では伝えにくい仏の心を説かれたのであろう。

以上10の科学的手法により、法隆寺１４００年の歴史を大きく解明することが出来た。

# 二、斑鳩ロマン

美術史の分野では、仏教傳来から大化の改新までの95年間（西暦552〜646年）を飛鳥時代としている。それより以前四世紀〜七世紀の古墳時代は竪穴住居、はにわ、土を盛り上げて造る墓の時代、勿論文字も書物もない時代であった。

厩戸皇子は推古元年（593）摂政となられ、斑鳩宮を推古九年（601）建設してここに住まわれ、推古十五年（607）斑鳩寺を建てられた。（日本書紀）

文字と書を学ぶことが大切であるとして法隆学問寺にて学僧を育成された。皇子は法華経を講じ、勝鬘経義疏を著し、維摩経義疏を著された。新たな仏教知識を求めて小野妹子を二度も遣隋使として送られた。七世紀初頭の渡航は今と違って生命の危険が伴い、出費も莫大であり、その両方を瞬時に失う恐れが大きかった。私共はその成果を享受しているのである。

仏教公伝は538年（上宮聖徳法王帝記）、又は552年（日本書紀）とされる。仏の教えは経典や僧侶と共に仏堂を建設する造寺工、瓦博士、そして炉盤工、画工を伴って渡来した。即ち仏教は科学技術集団と共に来たのである。文字を覚え、字を読んで、書を理解する。ここから我が国の文明開化は始まったのである。文字、書物、技術知識は当時新しく目にする宝物であり、これによって日本の文化文明は全く新しい段階に入った。古墳時代には思いも及ばない高さ30ｍを超す五重塔を建設した。建築だけでなく新しい土木、治山治水技術、農業技術もしかりである。

それから３００年後、伝教大師最澄と弘法大師空海が入唐され、天台山と長安で学ばれた。聖徳太子そして伝教大師。このお二方に空海、円珍師なかりせば、日本仏教はなかったかもしれないし、あるとしても大きく異なったものであろう。そうすると、仏の教えも仏像も寺院建築も、美術工芸品も異なったものであろう。ならば、日本の文化も文明も、異質なものとなっていたのに違いない。聖徳太子、そして最澄・空海は、当時最新の科学技術を取り込んで、目にみえ、手にとり、体感できる姿のある実物を伴って教えを説くことを巧とされたと思う。仏教公伝は仏堂を建てる造寺工、瓦博士、炉盤工、荘厳する画工の最先端の科学技術を携えて渡来したとさきに述べた。口で説く理と、頭の中で構築する理だけで、仏の教えも建築の技術も理解するは難しいことである。しかし先端技術をともなうことによって実際にこれを体感すれば、理解し易いのは明らかなことである。

私は仏教国日本が、好きである。

技術が渡来した記録を探ろう。天智天皇（６６１～６７１）のころ百済から数千人を単位とする多数の人が日本へ来られた。また、唐と新羅によって高句麗が攻め滅ぼされて滅亡したときには、多くの人が日本へ移住し、その彼らに田地を与えて常陸に移したとの記録がある。天智四年（６６５）男女４００余人を近江国の神崎郡に住まわせ、天智八年（６６９）には男女７００人を蒲生郡に居住させた。これらの中には百済王家の王族があり、朝廷の重要な官職について学職頭となった。彼らは、大津宮のそばに居住して役所に通ったのであろう。

渡来した人たちは、先進文化を高く評価して重用され、有力な豪族となった。とくに加耶の先端技術を持って奈良の南部、飛鳥に移住した東漢。彼らは前漢朝の開祖である高祖（劉邦）を祖とするという。朝鮮半島の東南端の加耶と日本は比較的自由に行き来出来た時代があって、漢族と日本のやまと言葉は通じたし、百済や新羅の人々とも何とか話が通じていたという。

『渡来人とは何者だったか』（武光誠著、河出書房新社）は、飛鳥時代を次のように表現されている。「東漢に次ぐ勢力の豪族は、京都市西部の太秦を中心とした秦である。秦氏は中国の秦朝をひらいた始皇帝が始祖と言われる。日本書紀には、中国や朝鮮半島から日本に移住してきた渡来人についても記されています」

飛鳥時代に新しい文化文明、科学技術が入って来た。人々が文字を知り、書を読み始めた。斑鳩は学問と芸術と新技術の集まる最先端のまちであった。斑鳩寺の堂塔伽藍が建ち並び、金堂には仏像仏具が祀られ、天井には天蓋、四周壁には仏画。多くの僧が学んだ。伽藍は千高麗尺角で北から西へ20度傾いていた。そして斑鳩の里全体が田畑を含め20度傾いた千高麗尺方眼に区画されていたようだ。

斑鳩寺の西に藤ノ木古墳がある。その正面、大和川に掛かる御幸大橋から上る参道が南北幹線道路であり、これと直交する東西の幹線道路があり、今も残っている。二つの幹線道路が交差する一帯は聖域らしい。神社と遺跡が多くあり、当時は馬がこのまちを疾走していたようだ。

文化は度量衡を伴って繁栄する。高麗尺が普及していた。斑鳩の里は南に大和川が流れ、ここに五つの支流と、さらに琵琶湖を水源とする佐保川も合流しており、物流が盛んであった。高瀬川には今も往事の荷揚げ場らしい五つの池がある。

西暦600年代、斑鳩の里は文化文明の最先端を誇るまちであった。いかに高い文化レベルであったかは、法隆寺に祀られている仏像、仏具、荘厳具を見れば解る。1400年を経た今でも真似ることがむつかしいレベルの高いものであった。明日香ほどひどい地震被害もなく、人々は新しい物資、新しい技術を次から次へと目にし手にしたロマンのまちであった。以上、科学的歴史観である。

# あとがき

事実は小説より奇なり、という。

法隆寺僧坊東室の柱に刻まれたまま残る、七種の壁間渡し貫の穴。

１４００年経たいま、私共に飛鳥の文化文明を語り始めてくれた。

奈良・平安・鎌倉・室町・桃山の地震と建物修理の歴史をも教えてくれる。

古建築と新建築の知見をコラボして、目を凝らすことによって、
我が国の文化文明の本筋が、スクリーンにうっすらと浮き上がってきた。

古い柱を科学することによって、法隆寺と斑鳩の里１４００年の歴史を知ることが出来た。

科学的調査手法は、新しい事実を発見するに必要不可欠。飛鳥時代は我が国の文化・文明の黎明期であり、
斑鳩には多くの世界遺産が残る。科学的に思考をめぐらし更に調査したい。

天野正樹（あまの　まさき）
愛知県生まれ。名古屋工業大学建築学科卒、工学士。広島県教育委員会、奈良県教育委員会文化財保存課を経て、大成建設株式会社に入社。作業所長及び本社の社寺担当として、比叡山延暦寺横川中堂復元、真言宗智山派智積院金堂新築、真言宗御室派仁和寺御室会館新築、浄土真宗本願寺派中央仏教学院新築、日蓮宗大本山池上本門寺大堂改修など多くの有名社寺建築工事、ならびに高級居宅新築・改修に携わる。
現在、社寺企画一級建築士事務所代表。一級建築士。指定建設業監理技術者。全文連賛助会員。
著書に『よいお寺を建てるには』『お寺を地震から守る方法』『法隆寺を科学する』（いずれも白馬社）がある。

斑鳩ロマン——法隆寺を科学する　Part2

—法隆寺の歴史を探る科学的手法11—

2019年６月10日　発行

著　者　天野正樹
発行者　西村孝文
発行所　株式会社白馬社
〒612－8469　京都市伏見区中島河原田町28－106
電話075(611)7855　FAX075(603)6752
HP http://www.hakubasha.co.jp
E－mail info@hakubasha.co.jp
印刷所　ねっこ共働作業所


ISBN978－4－907872－27－4

【好評既刊】

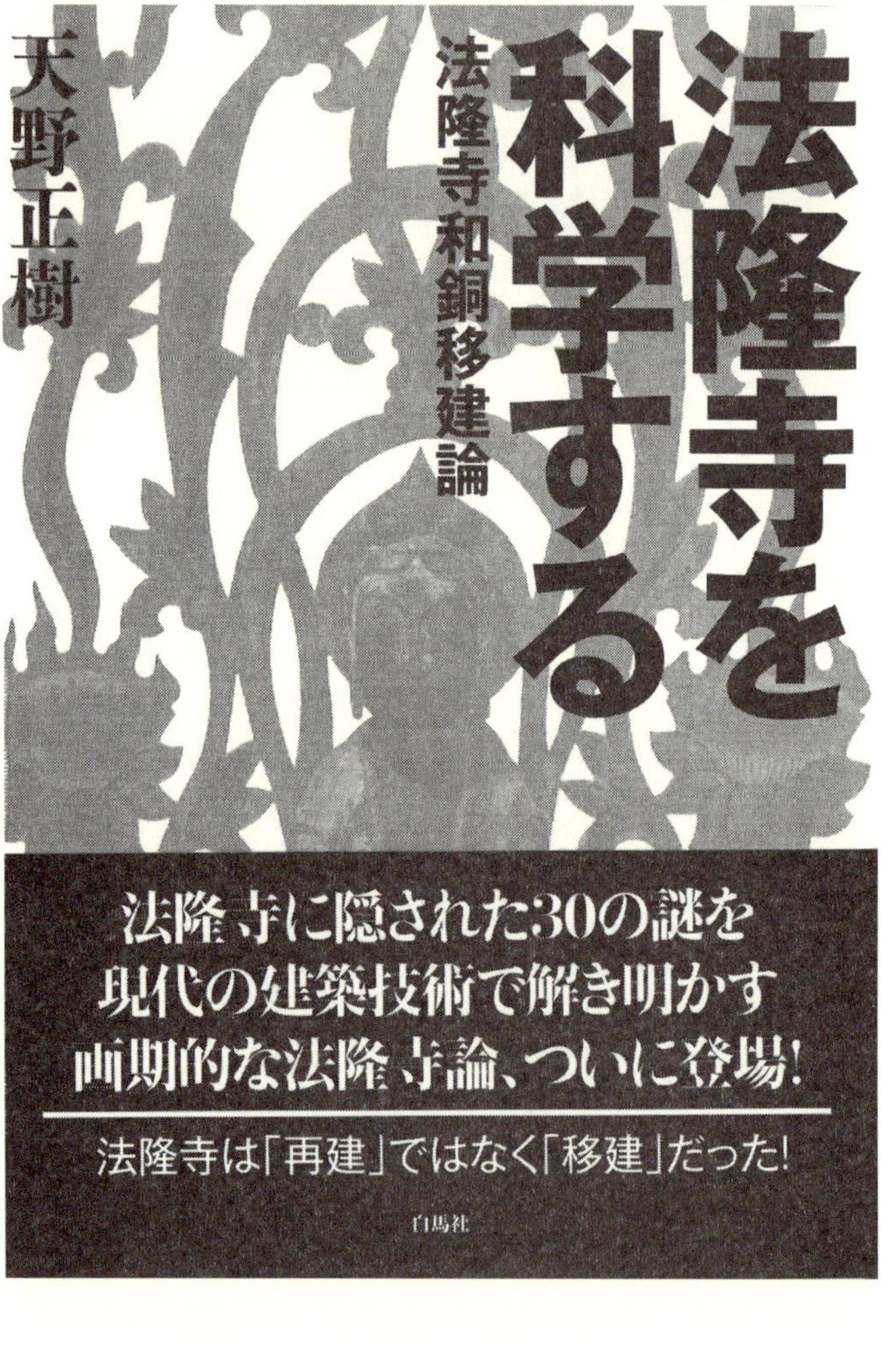


定価（本体1700円＋税）

【好評既刊】

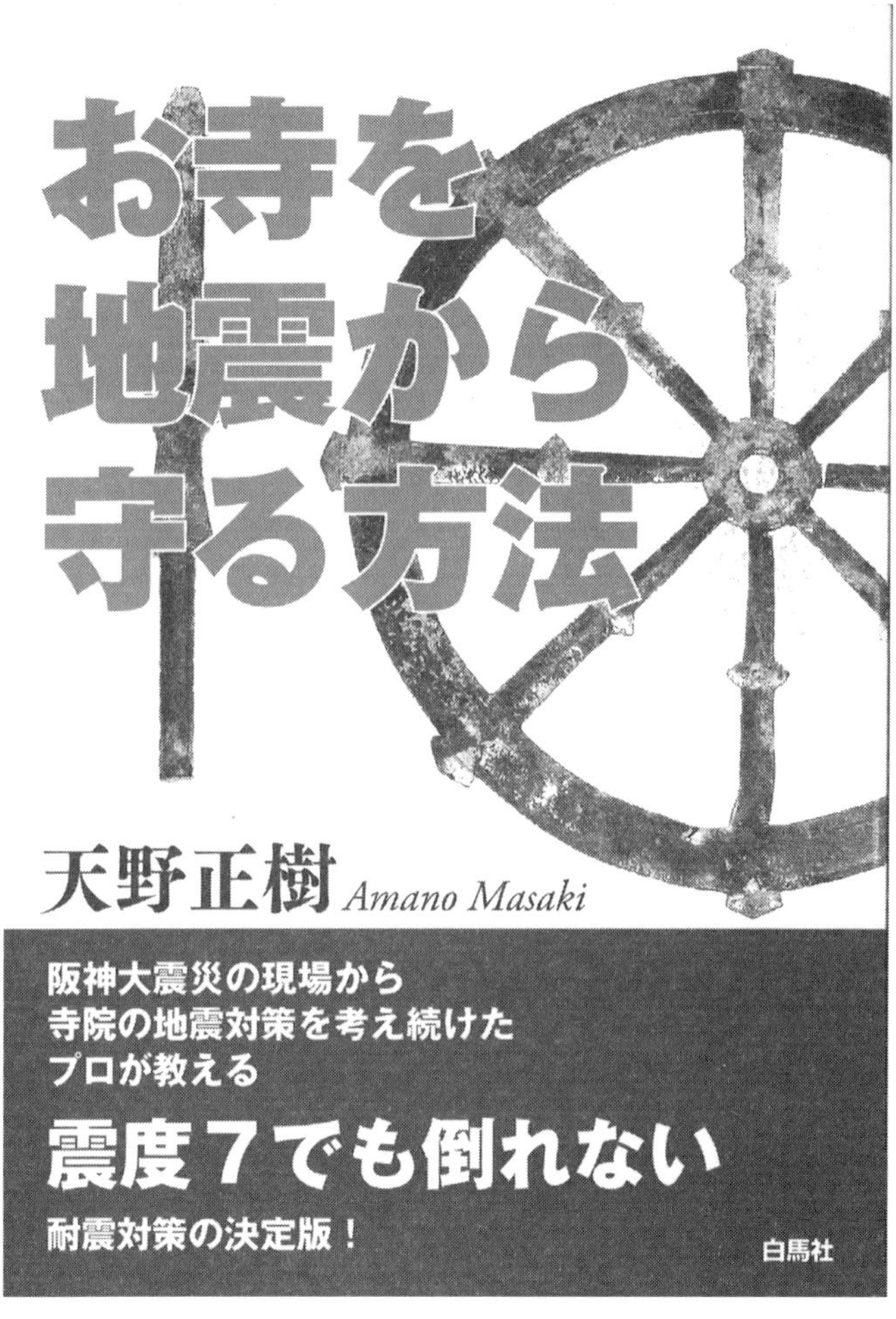


定価（本体1500円＋税）